365일 심방하는 목사

365일 심방하는 목사

ⓒ 생명의말씀사 2025

2025년 3월 12일 1판 1쇄 발행

펴낸이 | 김창영
펴낸곳 | 생명의말씀사

등록 | 1962. 1. 10. No.300-1962-1
주소 | 서울시 종로구 경희궁1길 6 (03176)
전화 | 02)738-6555(본사) · 02)3159-7979(영업)
팩스 | 02)739-3824(본사) · 080-022-8585(영업)

지은이 | 이세종

기획편집 | 서정희, 유하은, 김자윤
디자인 | 김혜진, 최종혜
인쇄 | 영진문원
제본 | 보경문화사

ISBN 978-89-04-12183-0 (03230)

저작권자의 허락 없이 이 책의 일부 또는 전체를
무단 복제, 전재, 발췌하면 저작권법에 의해 처벌을 받습니다.

contents

들어가며 365일 학생들을 매일 만나겠다는 결심 12

Part 1 심방은 거절당하는 사역이다

1. 왜 심방해야 하는가? 21
목사님이랑 밥 먹는 것 처음이에요 | 심방 사역, 이제는 추억이 되었다고요? | 예수님이 먼저 그렇게 하셨습니다

2. 모든 환경은 우리를 위한 하나님의 퍼즐 조각이다 27
내가 세상에서 두려울 것이 없는 이유 | 교사들과 함께 고난의 터널을 지날 때

3. 심방이 사역의 지름길이다 50
심방과 기도를 연결하는 '기억의 파노라마'를 활용하라 | 내 백성을 위로하라: 가정 상담, 학생 상담

4. 잃어버린 영혼을 찾아가라 75
양을 잃어버린 목자의 마음으로(누가복음 15장) | '언제'까지 챙겨야 할까? | '누구'까지 챙겨야 할까?

5. 거절은 영적 스펙이 된다 105
거절을 거절한다 | 심방 시간이 제곱이 된다 | 한 번 찾아가는 것보다 두 번째부터 진짜! | 오래 걸리지만 가장 빠른 길

Tip 1 꼭 알아야 하는 심방 수칙 120

Part 2 심방에는 전략이 필요하다

1. **꾸준한 심방을 위해서는 안전장치가 필요하다** 127
   우리의 영적 엔진, 그리스도의 심장 | 내가 SNS에 심방 사진을 올리는 이유 |
   거룩한 부담감을 만들라

2. **아직 부족하다는 마음으로** 134
   내가 했다는 착각 | 충분하다는 착각

3. **예상치 못한 연락이 감동을 줄 수 있다** 138
   내 고백을 받아 줄래? | 네 생각이 나서

4. **너에게 봄을 선물한다** 142
   시험 기간 : 스터디위드미 | 계절에 맞는 '핫 플레이스' 찾아가기 |
   비신자 초대하기: 팝업 스토어, 명절 선물

5. **소셜 미디어를 활용한 심방** 154
   왜 내 카톡은 보지 않을까? | SNS를 하면 학생들과 소통할 수 있을까? |
   열 번의 문자보다 한 번의 전화가 더 효과적이다

   Tip 2 어색함을 풀어 줄 센스 있는 심방 대화법-꼬리 질문법 168

Part 3 **심방의 목적은 개인을 넘어
공동체의 성장에 있다**

1. **기존 아이들을 부서의 주인공이 되게 하라** 174
   품에 있다고 소홀히 하지 말라 | 주인공은 지금, 여기 있는 아이들이다

2. **우리의 웃음이 누군가에게는 슬픔이 될 수 있다** 176
   모두가 행복할 수는 없을까? | 너의 웃음이 나의 웃음이 되기를

3. **공동체는 깨지 말고 확장시켜야 한다** 179
   우리도 노력해 봤어요 | 끼리끼리가 아닌 패밀리입니다

4. **심방은 공동체 부흥의 열쇠다** 183
   젊은 신혼부부의 섬김과 찬양팀의 부흥 | 바퀴 달린 수련회 |
   학생들이 몰려오다

   Tip 3 수많은 심방 내용을 오래 기억하려면? 196

나가며 심방은 부흥과 성장을 위한 밑거름입니다 198

부록 1   무엇이든 물어보세요!
심방 사역에 관해 궁금한 10가지 Q&A

반복되는 거절, 심방을 포기하고 싶어요
항상 선물이 고민입니다. 어떤 걸 좋아할까요?
턱없이 모자란 심방비, 이럴 땐 어떻게 하죠?
나이 차이로 인한 소통의 벽, 어떻게 넘을 수 있을까요?
심방 시간이 너무 길어져도 끝까지 함께해야 하나요?
교회에 상처받은 영혼을 심방하러 갑니다
학생 부모님이 심방을 꺼려할 때는 무엇을 할 수 있을까요?
심방을 어떻게 설교와 목회에 녹여 낼 수 있을까요?
심방하고 싶지만, 이미 너무 많은 사역으로 몸이 열 개라도 부족해요
교역자가 심방할 때 더 주의해야 할 점이 있을까요?

부록 2   심방 사역을 잇는 프로그램

공동체를 이어 주는 : 복음캠핑
졸업생을 이어 주는 : 포트럭 파티
마을을 이어 주는 : 비긴어게인

추천사

사막 여행에 필요한 것은 지도가 아니라 나침반인 것처럼, 오늘날 다음 세대 교회 학교 사역이 마치 메마른 사막 여행을 하는 것과 같을 때 다시 주목해야 하는 것은 늘 변치않는 나침반을 다시 보는 지혜입니다. 다음 세대 사역의 완전한 모델이신 예수님께서 성경을 통해 보여 주시는 사역 나침반의 선명한 길은 직접 찾아가는 심방이었습니다. 직접 찾아가서 제자를 부르시고, 직접 찾아가서 병자를 고치시고, 직접 찾아가서 복음을 전하셨습니다.

본서를 통해 나누는 이세종 목사님의 찾아가는 심방 이야기는 그분만의 간증이 아니라, 이 시대에 다음 세대를 가슴에 품은 모든 교사와 교역자와 성도들을 향한 예수님의 초청이자 언약이 되리라 확신합니다. 저는 이 책을 읽으며 길을 잃은 한 마리 양을 찾아 밤새 다니시는 예수님의 애통의 심장을 느낄 수 있었고, 동시에 예수님과 함께 심방의 걸음을 걸어 내며 발견케 하신 성경적 심방의 구체적 매뉴얼을 선물처럼 받을 수 있었습니다.

우리가 완전하여 심방이 능력이 있음이 아니라, 완전하신 예수님과 함께 심방하니 그 만남에 능력이 임한 이야기를 보았습니다. 우리가 흔들리지 않아서 심방이 견고해진 것이 아니라, 흔들리지 않으시는 예수님이 함께 동행해 주시니 심방은 늘 견고한 하나님의 나라가 세워져 가는 현장이 된 것을 보았습니다. 이 귀한 이야기와 지혜를 모두 함께 듣고 나누기를 추천합니다.

신형섭 교수(장로회신학대학교 기독교교육과 교수)

청소년 사역을 할 때, 많은 분이 부흥의 비법을 물었습니다. 제 대답은 늘 동일했습니다. '그냥 기본적인 것만 잘 하면 됩니다.' 청소년 사역이건, 다른 부서 사역이건, 장년 사역이건, 사역의 기본은 늘 동일합니다. 나에게 맡겨진 영혼을 찾아가서 만나는 것입니다. 그들을 위로하고 돌보는 것입니다. 이것은 바로 주님께서 2천 년 전에 하셨던 사역의 방식입니다.

어느 순간 한국 교회 안에 사역의 기본기가 사라져 버렸습니다. 이제 교회 학교 사역자들 가운데, 학교 앞에서 아이들을 만나고, 학원 앞에서 아이들을 만나는 사역자는 극소수에 불과합니다.

교육 부서 사역자들은 노가다 사역을 좋아하지 않습니다. 노가다 사역이 무엇입니까? 밖에서, 땀을 흘리면서, 고생하는 사역입니다. 사무실에 앉아 있는 사역이 아닌, 아이들이 있는 곳으로 뛰어가는 사역을 다들 회피하는 현실입니다.

이런 면에서, 이세종 목사님은 이 시대에 참 귀한 사역의 롤 모델입니다. 그는 어느 교육 부서를 맡겨도 늘 같은 마음과 같은 패턴으로 심방에 올인을 하고 있습니다. 오죽하면, 그를 365일 매일 아이들을 심방하는 사역자라고 하겠습니까? 아이들을 심방하면 사역의 열매와 역사는 생기지 않을 수 없습니다. 책을 보면 온갖 하나님의 역사에 대한 부분이 가득하지 않습니까?

이 책은 교육 부서를 담당하는 교역자들과 교사들은 무조건 읽고 실천해야 할 책입니다.

이정현 목사(청암교회 담임 목사)

한국 교회의 다음 세대 현장에서 처음에는 보조 교사로 시작했었던 때가 생각납니다. 이후 전도사, 교육 목사와 선교회 대표와 지금의 순회 설교자로 사역을 이어 오는 30여 년 동안 참 많은 현장을 체험하게 되었습니다.

여러 청소년 사역의 현장에서 유독 어렵지만 가장 중요한 사역이 있다면 바로 다음 세대 한 명 한 명을 만나는 만남 사역일 것입니다. 이런 심방 사역을 너무나도 즐겁고 행복한 사명으로 여기는 이세종 목사님을 만나 동역하며 언젠가 한국 교회에 소개될 이 책을 함께 기다리고 있었습니다.

아무리 맛난 음식을 먹어도 결국 자녀의 건강을 책임지는 것은 엄마의 음식일 것입니다. 유명한 강사와 함께하는 여러 집회와 세미나와 수련회에서 아무리 큰 은혜를 받았다 할지라도, 결국 한 영혼의 영적 건강을 책임지는 것은 담당 사역자의 헌신 어린 사역 현장일 것입니다.

오늘도 주님이 찾으시는 그 한 사람을 찾아가는 귀한 사명자들에게 이 책의 모든 내용들이 건강하고 유익한 심방 길잡이와 안내 도우미가 되어 줄 것을 믿으며, 기쁨으로 추천사를 써 보게 됩니다.

이 책을 읽으신 모든 분의 마음에 동일한 은혜의 사명이 함께하길 소망하며 심방의 현장과 그 속에서 일하시는 하나님의 은혜에 오늘도 흠뻑 빠져 봅니다.

임우현 목사(번개탄 tv 선교회 대표)

다윗은 "여호와는 나의 목자시니"라고 고백했습니다. 예수님 또한 여러 비유를 통해 하나님과 우리의 관계를 '목자와 양'으로 표현하셨습니다. 이러한 비유는 목축업이 흔했던 이스라엘 백성들에게 더욱 친숙하게 다가왔습니다. 그들은 늘 양 떼를 돌보고 먹이는 목자의 모습을 보며 살아 왔기 때문입니다.

오늘날 '목회자(牧會者)'라는 표현 역시 '양 떼를 치는 스승'이라는 뜻을 가지고 있습니다. 목회자에게는 양 떼를 돌봐야 할 사명이 있지만, 정작 '심방'의 중요성과 방법을 체계적으로 배운 이들은 많지 않습니다. '심방을 어떻게 해야 하는지', '심방에서 무엇을 주의해야 하는지'에 대한 정답을 알려 주는 이도 없습니다. 대부분은 시행착오를 거치며 스스로 경험하고 익혀야 하는 실정입니다.

그런 점에서 『365일 심방하는 목사』는 심방에 대한 고민을 가진 이들에게 큰 도움을 줍니다. 특히, 다음 세대인 청소년들을 어떻게 심방해야 할지에 대한 목사님의 깊은 고민과 노하우가 이 책에 밀도 있게 담겨 있습니다. '심방 때 어떤 질문을 해야 할지', '어디서 어떻게 만날지', '심방의 목적을 어디에 둬야 할지' 등 구체적이고 실질적인 가이드를 제시해 줍니다. 목회자뿐만 아니라 교육부서 교사와 소그룹 리더들에게도 이 책을 적극 추천합니다.

주경훈 목사(오륜교회 담임 목사)

들어가며 365일 학생들을 매일 만나겠다는 결심

나는 중고등학교를 나오지 않은 목사다. 홈스쿨링 출신인 내게 청소년 사역은 모든 것이 막연했다. 처음에는 중고등학교 추억이 없다는 것이 고등부 목사로서 얼마나 큰 약점인지 몰랐다. 그러나 울산교회 고등부에 부임한 지 얼마 되지 않아 사역의 냉정한 현실과 한계를 직면하게 되었다. 학부모님들 사이에서 이런 소문이 돌기 시작한 것이다.

"이세종 목사는 고등학교를 나오지 않은 목사이고 검정고시 출신이잖아. 그런데 어떻게 우리 고등부 자녀의 삶에 공감할 수 있겠어?"

중고등학교 시절에 대한 추억이 있는 다른 교역자와 선생님보다 출발부터 다른 입장에서 내가 청소년을 위해 할 수 있는 일은 아무것도 없었다. 고등부 목사이지만 교사들 사이에서도 리더십이 세워지지 않았고, 말 없는 고등부 학생들을 이끌어 가기는 더욱 어려웠다.

그래서 하나님께 무릎 꿇고 기도했다. "하나님 도와주세요."라고, "제가 현 시대를 살아가는 청소년들을 위해 할 수 있는 것이 무엇인지 제발 알려 주세요."라고 하나님께 간구했다.

그때 하나님께서 내게 청소년 사역을 잘할 수 있는 지름길을 알려주셨다. 바로 학생들을 직접 찾아가는 심방이다. 사실 심방은 빠른 길이 아니다. 학생을 일대일로 찾아가 만나는 심방은 오랜 시간이 걸리고 비효율적으로 보이는 사역이기 때문이다. 그럼에도 나는 한계 속에서 깨달음을 주신 하나님 앞에 학생들을 모두 만날 것을 약속 드렸다. 그리고 기도했다.

"하나님, 저에게는 약점이 있습니다. 저는 홈스쿨링 출신 사역자입니다. 중고등학교를 나오지 않았습니다. 그래서 청소년을 이해하는 데 다른 교역자보다 출발 자체가 다릅니다. 하지만 제가 다른 누구보다 학생들을 더 많이 만나고, 그들의 이야기에 귀 기울이고, 제 머릿속에 기억해서, 다른 누구보다 그들의 삶을 공감하고 위로하는 진실한 사역자가 되겠습니다. 365일 학생들을 매일 만나겠습니다."

당시 고등부 재적 인원은 140명이었다. 나는 이 고등부 학생들을 각각 다섯 번씩 찾아가겠다는 목표로 심방을 시작했다. 한 번 만나는 것으로는 그들의 삶을 세세하게 알기 어렵다고 생각했기 때문이다. 그렇게 연간 누적 700명을 심방하니, 4년간 학생들을 총 2,800회 만날 수 있었다.

365일 하루도 빠짐없이 매일 학생들을 찾아가겠다는 목표를 달성하고, 그렇게 다양한 학교와 학원을 다니는 고등부 학생들을 심방한 결과 많은 결실을 맺었다. 먼저 중고등학교를 다니지 않았음에도 우리 아이들이 어떻게 학교생활을 하고 있는지가 내 머릿속에 선명히 그려졌다. 또 아침부터 새벽까지 스터디 카페, 학교, 학원, 식당, 집 앞을 찾아가며 학생들을 심방하니 학생들이 내게 마음을 열고 고민을 말하기 시작했다. 학생들 한 명, 한 명이 어떤 문제로 힘들어하는지를 알게 된 것이다.

그때부터 고등부에 변화가 일어났다. 처음에는 심방하자고 하면 어떤 핑계를 대서라도 피하려고 했던 아이들이 이제는 "목사님, 저 언제 만나 주실 거예요? 심방 신청합니다."라고 끊임없이 심방을 요청하기 시작했다.

학부모님의 인식도 바뀌었다. 부모에게 어떤 고민도 말하지 않고 힘들어하는 자녀를 보며, 학부모님은 다른 사람이 아닌 담당 교역자인 나를 찾아와 물으셨다. "목사님, 우리 자녀가 요즘 어떤 문제로 힘들어하는지 알려 주실 수 있나요?" '홈스쿨링 출신 목사가 자녀의 학교생활에 어떻게 공감할 수 있겠어?'라고 생각하셨던 학부모님의 고정 관념이 깨어지고, 이제는 '목사님이 우리 자녀의 고민을 누구보다 잘 알고 있으니 상의하고 기도를 부탁하자!'라고 생각이 바뀐 것이다.

이어서 고등부에 부흥이 일어나기 시작했다. 내가 울산교회에 부임한 2018년도만 해도 주일 예배의 평균 출석 인원은 70명이었다. 그런데 5년이 흘러 2023년, 한 해 동안 110명에서 많게는 120명이 출석하는 고등부로 성장했다. 숫자만 부흥한 것이 아니다. 심방을 통해 담당 교역자와 교사와 학생들 사이에 친밀한 관계가 형성되었다. 그래서 마치 교회 생활이 주일 하루만이 아니라 매일 이어지는 듯한 소통의 기쁨이 365일 가득했다.

다음으로 고등부 내에 연합이 이루어졌다. 심방의 목적은 담당 교역자나 교사가 학생들을 본인의 사람으로 만드는 것이 아니다. 즉, '나의 사람'을 만들거나 '나의 리더십'을 키우는 것이 아니다. 심방의 목적은 오히려 공동체를 건강하게 세우는 데에 있다.

교역자와 교사의 학생 심방은 먼저 학생과 친밀한 관계를 형성하며 시작된다. 그러면 학생들은 교역자와 교사에게 마음의 문을 열게 되며, 자신의 어려운 문제를 나누게 된다. 학생들이 말하는 문제는 학교와 학원, 가정, 교회에 이르기까지 다양하다. 그런데 이때 교역자와 교사는 학생들에게 "너는 혼자가 아니다. 하나님은 우리에게 '믿음의 공동체'를 주셨다."라고 알려 주어야 한다. 그리고 믿음의 동역자인 교회 친구들을 연결해 주어야 한다. 서로 끊어져 있는 다리를 연결해 주는 것이다. 이렇게 교역자와 교사가 일대일에서 여러 명으로 영역을 넓혀 심방할 때, 끼리끼리 문화는 사라지고 소외되는 아이들이 없는 가족 공동체로 성장할 수 있다.

디지털 시대 속에서 메타버스와 같은 온라인 사역으로 발맞추는 것도 중요하지만, 아날로그 사역인 심방은 교회 학교에 반드시 필요하다. 청소년들은 말수가 적다. 어떤 생각을 하고 있는지 알 수 없다. 또 청소년들은 바쁘다. 시간이 없기에 만날 수 없을 것처럼 보인다. 그러나 우리는 학생들을 심방할 수 있다.

심방을 통해 관계가 형성된다. 학생들이 교역자와 교사를 통해 자신이 소중한 존재라는 것을 느낄 때 그 받은 사랑은 옆 친구들에게 흘러간다. 이런 움직임이 확장되면 부서 전체가 건강해진다. 그리고 부서의 행복은 타 부서와 교회 전체에 이르기까지 선한 영향력을 끼치는 역사로 이어진다. 다음 세대의 마음을 여는 첫 번째 열쇠와 마지막 열쇠는 심방에 있다.

본서에서 나는 먼저 고등부 학생들을 만났던 많은 심방 에피소드와 함께 그 속에 담긴 다음 세대와의 소통 방법을 나누려 한다. 오래 걸리고, 비효율적으로 보이는 심방이 왜 다음 세대를 연합시키고 부흥시키는 데에 반드시 필요한 사역인지에 대해 실제적인 사례와 함께 설명할 것이다.

더 나아가 이 심방 사역이 모든 교회 학교에 어떤 영향을 끼치는지 나눌 것이다. 나는 2024년부터 초등1부와 청년1부 직장인 청년을 담당하고 있다. 그래서 고등부 학생들을 심방해 왔던 사역을 초등부 아이들과 청년들의 삶에 접목해서, 심방이 어떻게 부서를 성장시키며 결실을 맺게 하는지를 내 경험을 토대로 소개하려 한다.

본서를 통해 청소년부만이 아닌 영아부부터 청년부에 이르기까지 모든 교회 학교가 심방을 사역에 접목시켜서 연합하는 공동체, 기존 아이들과 새 친구들이 정착하고 연합하고 부흥하는 교회로 성장하길 소원한다.

Part 1

심방은
거절당하는
사역이다

1

왜 심방해야 하는가?

목사님이랑 밥 먹는 것 처음이에요.

울산교회 고등부에서는 학생 임원 후보를 정할 때 여러 절차를 거친다. 먼저 현 임원 학생들이 차기 임원 후보를 추천한다. 그럼 임원 교사들은 명단을 확인해서 2차로 검토한다. 담당 교역자인 나는 교사가 검토한 2차 안을 보고 임원 후보를 1차 확정한다. 이것으로 끝이 아니다. 이어서 담당 교역자로서 임원 후보자들을 개인적으로 찾아가 면담한다. 그리고 후보로 올라갈 것인지에 대한 학생 본인의 의견을 듣고 최종 확정한다. 그럼 정해진 날에 총회가 열리고, 임원 후보가 소견을 발표한 후 학생들의 투표에 따라 임원이 선출된다.

전화나 카톡, 또는 다른 SNS로 생각을 물어봐도 된다. 하지만 나는 적어도 한 해를 이끌어 갈 리더가 될 후보에게는 심방을 하며 물어보는 것이 좋겠다 판단해서 늘 찾아갔다.

하루는 이런 절차를 밟고자 부회장 후보 학생을 심방하러 갔다. 고기를 사 주면서 내년에 고등부 부회장을 섬길 마음이 있는지를 물어보았는데, 그 학생은 내게 뜻밖의 대답을 했다. "목사님, 저 지금까지 살면서 담당 목사님이랑 밥 먹는 것 처음이에요." 고등학교 1학년이 될 때까지 교역자와의 추억이 없었던 것이다.

학생은 부회장 후보로 섬기겠느냐는 나의 질문에 바로 답하기보다 교역자가 자신을 찾아와 밥을 사 준 그 발걸음에 특별함을 느끼고 먼저 고마움을 표현했다. 그때 깨달음을 얻었다. 매 주일 예배의 자리에서 만나는 것 외에 학생들을 찾아가, 함께 밥 먹고 교제하는 그런 소소한 시간을 가짐으로써 소중한 추억을 선물할 수 있다는 사실을 말이다.

심방 사역, 이제는 추억이 되었다고요?

목사님들과 장로님들이 모이는 노회에서 있었던 일이다. 하루는 당시 고등부 학생들 모두를 찾아가는 심방을 하고 있다는 나의 사역 이야기를 전해 들어 알고 계셨던 울산노회 소속 담임 목사님들께서 나를 부르시더니 칭찬과 격려의 말을 해 주셨다.

"세종 목사를 보면 지난날의 나를 보는 것 같아요. 옛날 목사님들은 다 교회 학교 학생들 집 앞으로 찾아갔으니까…. 요즘은 시대가 개인주의로 변해서 가정마다 자신의 집을 오픈하지 않는데, 세종 목사가 마치 그때처럼 심방 사역을 하고 있다는 소식을 들으니 기쁘네요. 앞으로 어떤 일이 있든지 상처를 받거나 사역의 날개가 다치지 않으면 좋겠어요. 응원합니다!"

울산노회 소속 담임 목사님들의 따뜻한 말씀을 들으면서 초등학교 교회 학교 시절이 떠올랐다. 내 고향은 서울특별시 동대문구다. 나는 4대째 기독교 집안에서 자라서, 선생님들이 굳이 챙겨 주지 않아도 주일에 시간을 지켜서 예배에 참석하는 아이였다. 그런데 감사한 것은 당시 군대를 다녀오고 취업을 준비하는 취준생 청년 선생님이 계셨는데, 그 선생님은 한 주도 빠짐없이 나를 포함해 집 근처에 사는 네 명의 집 앞으로 찾아와 초인종을 누르고, 우리 모두를 교회까지 데리고 가 주셨다.

그때 이런 생각이 스쳐 지나갔다. '직접 아이들의 집 앞으로 찾아가는 발걸음과 심방은 오래 전의 일이 아니야. 지금도 그렇게 예수님의 사랑을 충분히 나타낼 수 있겠다.'

예수님이 먼저 그렇게 하셨습니다

누군가가 나에게 "왜 심방을 해야 하는가?"라는 질문을 한다면 나는 분명히 답할 수 있다. 예수님께서 그분의 제자들뿐만 아니라 소외되고 연약한 영혼들을 직접 찾아가셨기 때문이다.

요한복음 4장 앞부분을 보면 예수님께서 유대를 떠나 다시 갈릴리로 가실 때에 사마리아를 통과하시는 장면이 나온다. 당시 유대인은 사마리아인을 혼합된 민족으로 여겨 차별했다. 그래서 갈릴리에 갈 때 사마리아를 통과하지 않고 다른 길로 선회했다. 그런데 예수님은 사마리아를 통과하신다.

예수님께서 다른 길을 두고 사마리아로 들어가신 데에는 분명한 이유가 있었다. 그 동네에 사람들의 시선을 피한 채 고립되어 살아가는 사마리아 여인을 주님의 백성으로 삼기 위해서 찾아가신 것이다.

예수님을 만나기 전까지 사마리아 여인은 다른 사람들의 눈을 피해 무더운 낮 시간에 물을 길으러 다닌 사람이었다. 그런데 자신을 찾아와 주신 예수님을 만난 뒤 그녀의 삶은 달라진다. 그녀는 물동이를 버려두고 동네로 들어가서 사람들에게 "와서 보라 이는 그리스도가 아니냐."라고 말하며 복음을 전하는 사람으로 변화된다.

사마리아 여인뿐만이 아니다. 요한복음 21장을 보면 부활하신 예수님께서 사명을 다 잊어버리고 옛 생활로 돌아가 있던 제자들에게 친히 나타나시는 내용이 나온다. 그중에 한 사람을 찾아가시는데, 바로 베드로다.

베드로는 예수님께 이렇게 자신 있게 고백했던 사도다. "모든 사람이 주님을 버릴지라도 나는 결코 주님을 버리지 않겠습니다. 내가 주와 함께 죽을지언정 주님을 부인하지 않겠습니다." 하지만 결국 그는 예수님을 세 번 부인한다. 그리고 그날의 죄책감을 가지고 힘없이 옛 생활로 돌아간다.

그런데 요한복음 21장에서 예수님께서는 베드로를 다시 찾아가신다. 그리고 그에게 물으신다. "요한의 아들 시몬아 네가 나를 사랑하느냐?" 예수님은 같은 질문으로 세 번 물으신 뒤에 "내 양을 먹이라."라고 말씀하시면서 그에게 다시 사명을 허락해 주신다. 베드로를 향해 포기하지 않는 사랑으로 다가가시어 그를 사명자로 부르신다.

왜 심방해야 하는가? 예수님께서 그분의 제자뿐 아니라 상처 많고 사연 많은 연약한 자들을 직접 찾아가 사명자로 부르셨기 때문이다. 그래서 나도 주님이 보이신 섬김의 본을 따라 영혼을 찾아가는 것이다. 예수님은 자신을 배신한 사람도 찾아가셨다. 그 사실을 기억하면, 심방을 하면서 찾아오는 수많은 시험과 혼란, 주위에서 들려오는 현실적인 조언과 갈등, 고민에도 우리는 멈춰 서지 않고 이 사역의 길을 계속 달려갈 수 있다. 끝까지 포기하지 않고 영혼을 심방할 때, 그 영혼이 예수님의 발자취를 따라가는 교역자와 교사의 손길을 기억해서 다시 주님께 돌아오는 역사가 일어나게 될 것이다.

모든 환경은
우리를 위한 하나님의 퍼즐 조각이다

내가 가장 좋아하는 성경 말씀은 로마서 8장 28절이다. "우리가 알거니와 하나님을 사랑하는 자 곧 그의 뜻대로 부르심을 입은 자들에게는 모든 것이 합력하여 선을 이루느니라." 하나님을 사랑하는 자, 곧 그의 뜻대로 부르심을 받은 자에게는 모든 것이 합력하여 선이 된다는 말씀이 언제 어떻게 흔들릴지 모르는 내 중심을 붙들어 준다.

청소년 사역을 하다 보면 기쁘고 보람된 일도 많지만, 그 과정에서 여러 가지 일로 속상하기도 하고 체력적인 한계를 마주하기도 한다. 그리고 주위에서 들리는 앞서가는 교회와 달리 우리 다음 세대는 도태되는 것 같고, 힘을 잃어버리는 것 같아 불평이 나올 때도 있다.

우리는 교육 부서의 처지와 다음 세대를 향한 교회의 인식 문제에 대해 환경을 탓할 때가 많다. 그것만이 아니다. 교사로 헌신하기로 결단했지만 역량이 부족하게 느껴지고 변하지 않는 아이들을 볼 때, 우리는 그 잘못을 자신에게 돌리며 교사 자리를 그만두고 싶어 한다.

예를 들어, 사역에는 어떤 한계가 있을까?
"우리 교회는 부서 지원비가 적어서 어떤 행사를 진행할 수 없어."
"우리 교회는 다른 교회와 달리 미취학/취학/중고등부/청년부에 책정된 예산이 적어서 무언가를 해 보려 해도 힘들어."
"교회의 방침이 교육 부서보다는 어른 목회에 집중되어 있어서 다음 세대 사역의 벽을 뚫을 수 없어."

자기 모습에 대해서는 어떤 불평을 하게 될까?
"난 이제 나이가 많아서 학생들과 소통하기 어려워."
"다른 반은 점점 커지는데, 우리 반은 내가 아무리 챙겨 주려 해도 만나 주지도 않고, 이제 두세 명밖에 안 남았어. 내 역량이 부족해서 그런 것 같아. 교사를 그만두어야겠지…."

다음 세대를 담당하는 교역자와 교사에게 확신하며 말씀드리고 싶은 것이 있다. 교회의 분위기, 예산 부족, 교회의 인식, 내 약점, 내성적인 성격, 부족한 경험, 많거나 적은 나이로 소통이 되지 않는 것….
이 모든 것은 다음 세대 사역에 조금도 올무가 되지 않는다. 영혼을 사랑하는 마음으로 부서를 담당하고, 당신을 교역자와 교사로 부르신 하나님의 뜻이 있음을 확신한다면, 하나님께서 당신의 모든 상황이 마침내 합력하여 선이 되게 하실 줄 믿는다. 내가 삶에서 이 사실을 깨달은 한 가지 사건을 꼭 나누고 싶다.

내가 세상에서 두려울 것이 없는 이유

나는 스물한 살에 군대에 입대해서 훈련소를 수료한 뒤, 전북 익산에 위치한 육군부사관학교에서 행정병으로 군 복무를 했다. 그리고 중대 군종병이라고, 주일에는 군종으로서 교회를 도왔다.

군대에 들어가기 전부터 나에게는 한 가지 기도 제목이 있었다. 바로 군대에서 믿음의 동역자를 붙여 달라는 기도였다. 그런데 정작 부대 자대 배치를 받고나니 45명의 군인 중 한 사람도 교회를 다니지 않았다.

군 생활이 많이 외로웠다. 심지어 당시 부대에는 내 신앙생활을 지속적으로 방해하는 악한 선임이 있었다. 한번은 이런 적이 있었다. 군대에는 '내무 임무 분담제'라고 해서 밤에 청소하는 시간이 있다. 보통 부대원 다섯 명이 한 구역을 20분에서 30분간 청소한다. 그런데 내가 주일 저녁 예배를 가고 싶다고 하니, 예배를 보내 주는 조건으로 내 담당 구역 한 곳만이 아니라 부대원 각자가 맡은 다른 곳까지 혼자 청소하라는 것이 아닌가! 나는 그렇게 수개월간 예배를 드리기 위해 혼자서 네 구역을 청소했다. 부당한 일을 당한 것이다.

군대에는 총 네 개의 공식적인 휴가 제도가 있다. 이등병 100일 휴가가 있고, 일병 9박 10일 정기 휴가, 상병 9박 10일 정기 휴가, 병장 9박 10일 말년 휴가가 있다. 그런데 어느 누구도 일병이나 상병이 되었다고 해서 자신에게 주어진 9박 10일 휴가를 바로 사용하지는 않는다. 그 이유는 무엇일까? 진급하자마자 휴가를 바로 사용하면 포상 휴가를 받지 않는 이상 다음 계급이 될 때까지 (2007년 기준) 짧게는 6개월, 길게는 7개월 동안 휴가를 가지 못하기 때문이다. 그러므로 대부분의 군인들은 휴가 가기를 조금씩 참으면서 남은 휴가를 바라보며 힘들고 외로운 군 생활을 버티고 견딘다.

나도 두 번째 계급인 일병이 되었을 때 9박 10일의 휴가가 생겼다. 그럼 나는 그때 휴가를 바로 썼을까, 쓰지 않았을까? 예상과 달리 나는 일병이 되자마자 정기 휴가를 사용했다. 아니 정확하게 말하면 '정기 휴가를 써야만 했다.'가 맞는 표현이다. 집에 계신 어머니께서 갑자기 큰 수술을 받게 되어 병간호를 가야했기 때문이다.

나는 9박 10일 일병 정기 휴가를 다 사용했고, 수술 후 힘들어하시는 어머니를 바라보며 무거운 마음으로 부대에 복귀해야만 했다. 그런데 그날 저녁부터 나를 괴롭히던 선임이 나를 위로하기는커녕 오히려 무시하기 시작했다. "엄마가 아프다고 휴가를 사용해? 휴가도 없는 놈…. 불쌍하다."라고 말이다.

며칠 지나지 않아, 그 선임이 저녁에 나를 불렀다. 갑자기 내게 한 가지를 물어봤다. "이세종, 너 글 좀 쓸 줄 알아?" 군대에서는 무슨 일이든 못한다는 말을 해서는 안 되기에 글을 잘 쓴다고 대답했다. 그때 선임이 되물었다. "네가 무슨 이유로 글을 잘 쓴다고 말하는지 근거를 말해 봐."

나는 그 말을 듣고 황당했다. '물어봐서 잘한다고 말하면 알겠다고 하면 되지, 왜 저렇게 집요하게 이유까지 말해 보라고 하는 거지?'라는 생각이 들었다. 그래도 선임에게 글을 잘 쓴다는 근거를 제시했다. "OO 상병님, 저는 청소년 때부터 군 입대를 하기 전까지 교회에서 주보 팀을 섬겼습니다. 주보를 만들면서 칼럼도 많이 적었습니다. 글을 쓰는 것이 익숙합니다."

그 말을 듣자 선임은 내게 자신의 상황을 설명했다. 알고 보니 본인이 그동안 군대 안에서 너무 많은 후임을 괴롭혀서 군 간부들이 자신이 받은 두 개의 포상 휴가를 보내 주지 않는다는 것이다.

2008년 당시 (나는 일병이었을 때) 육군본부 사이트에는 'V&Q 선진 병영문화 혁신운동'이라는 유명한 사이트가 있었다. 그곳은 병사들이 서로에게 고마웠던 감동적 사연을 올리는 곳이었다. 그때까지만 해도 워낙 구타도 심하고, 후임을 향한 선임의 폭언과 폭행으로 좋지 않은 소문이 많다 보니 군대가 나쁜 곳이 아니며, 아름다운 이야기가 많은 곳임을 알리기 위해 선진 병영 캠페인과 편지를 올리는 사이트를 만든 것이다.

이 홈페이지는 전 육군 안에서 크게 유행했다. 매주 수백 개에서 수천 개의 글이 올라왔으며, 글마다 조회 수도 높았다. 자유롭게 인터넷을 접속할 수 없는 군인들 사이에서는 마치 인터넷 책을 읽는 것 같은 본 사이트가 인기가 많을 수밖에 없었다.

그런데 선임이 나에게 황당한 부탁을 했다. V&Q 사이트에 자신을 칭찬하는 글을 적어 달라는 것이다. "너는 늘 교회를 열심히 다녀서 간부들이 모두 너를 착하게 생각하잖아. 그러니 네가 나를 칭찬하는 글을 올리면 육군부사관학교 간부들이 네 글을 보고 착한 일을 한 나에게 휴가를 허락해 줄지도 몰라." 이것이 선임의 생각이고 계획이었다. 선임은 일주일이란 시간을 줄 테니 무조건 그 안에 자신을 칭찬하는 글을 써서 확인을 받으라고 요구했다.

선임의 말을 듣고 마음이 상했다. 나는 어머니 병간호로 휴가를 다 쓰지 않았는가? 휴가를 쓴 것이 속상한 것이 아니다. 어머니를 간호하기 위해서라면 휴가를 앞당겨 써서라도 다녀오고 싶었다. 그런데 내가 마음이 상한 이유는 다른 사람도 아니고, 그 선임이 그동안 내가 교회 가는 것을 가장 심하게 핍박했기 때문이다. 그런데 내가 그를 위해 좋은 글을 써야 한다는 것이 너무 불합리하게 느껴졌고, 쓰고 싶지 않았다. 그래서 하나님께 간절히 기도를 드렸다.

"하나님, 저는 선임을 위해 글을 작성하지 않겠습니다. 하나님께서 저를 정말 사랑하신다면, 제 억울한 마음을 돌아보시어 그가 일주일 뒤에 글 쓴 것을 확인하겠다는 말을 잊어버리게 해 주세요." 기도를 올린 후 일주일 동안 선임을 위해 단 한 글자도 적지 않았다.

일주일이 지났다. 어떻게 되었을까? 주님께 기도드렸으니 당연히 그 선임이 잊지 않았겠는가? 그러나 아니었다. 그는 자신이 한 말을 정확히 기억하고 있었다. 일주일이 지난 날 밤, 선임이 내게 글을 작성했냐고 물었다. 못했다고 하자, 밤에 아무도 없는 곳으로 끌고 가더니 온갖 욕을 하고 협박하기 시작했다. 선임은 본인이 한 말이 사람 말 같지 않느냐고 하면서 잠깐 생각 말고 당장 위층에 올라가서 글을 다 적고 검사를 받으라고 소리쳤다.

군대에는 '연등'이라는 제도가 있다. '연등'이란 잠자는 시간을 줄여 지정된 공간에서 자기 계발을 위해 공부할 수 있는 제도다. 취침 시간이 밤 10시부터 오전 6시까지면 연등을 신청해서 밤 12시 안으로는 자유롭게 공부할 수 있는 것이다. 선임은 그 제도를 알고, 연등실에 올라가 자신을 칭찬하는 글을 적고 내려오라고 한 것이다.

결국 나는 2층 연등실로 향했다. 그때 연등실에는 동기이자 친구가 한문을 공부하고 있었다. 글을 써야 하는데 고민이 생겼다. 나는 신학생이고, 군대에서도 교회를 섬기는 군종병이자 하나님의 자녀로서 거짓말을 쓸 수는 없는데, 한참을 생각해도 선임이 잘 챙겨 준 일이 생각나지 않는 것이다. "하나님, 저는 협박을 받아 글을 적지만 절대 거짓말을 쓰고 싶지는 않습니다. 선임이 저에게 잘해 준 적이 있었나요? 기억이 나지 않아요."

그때 한 가지 생각이 머릿속을 스쳐 지나갔다. 군대는 자대 배치를 받으면 2주(14일)는 어떤 선임도 후임을 괴롭혀서는 안 된다. 이것을 '2주 대기'라고 하는데, 그 기간에 선임이 내게 잘해 주었던 유일한 한 가지 일이 생각난 것이다. 나는 보통 하나의 글을 쓰려면 1시간 넘게 걸린다. 그런데 선임이 내게 잘해 준 내용이 워낙 적다 보니 펜을 들고 고마웠던 내용만 간략하게 작성해서 13분 만에 다 썼다.

종이를 들고 내려가려고 하자 옆에 있던 친구가 내 팔을 잡고 말했다. "너 이렇게 대충 써서 내려가면 선임한테 죽어. 어떻게든 더 지어 내. 길게 적어야 살아남지." 그러나 나는 하나님을 믿는 사람으로서 거짓말을 할 수는 없다고 말하고, 에스더의 '죽으면 죽으리라.'라는 심정으로 내려갔다.

그런데 걱정과는 달리 선임은 내가 적은 글을 보더니 좋아했다. 왜 그랬을까? 거짓말이 아니기 때문이다. 그러고는 이 정도면 괜찮겠다면서 다음 날 행정실에 출근하자마자 컴퓨터를 켜는 대로 지금 적은 글을 V&Q 사이트에 올리라고 말했다. 그렇게 다음 날 아침이 되었고 나는 행정실에 도착하자마자 어제 작성했던 글을 V&Q 사이트에 올렸다. 글을 업로드 하면서 하나님께 두 번째 기도를 드렸다. "하나님, 하나님께서 정말 저를 사랑하신다면 제가 쓴 이 글을 어떤 간부도 읽지 않게 해 주세요. 만약 제 글을 읽는다 해도 간부가 그 선임을 휴가 보내 주는 일은 절대로 일어나지 않게 해 주세요."

일주일이 흘렀다. 선임은 어떻게 되었을까? 평일 근무를 마치고, 생활관에서 휴식을 취하고 있는데 지휘 통제실에서 방송이 나왔다. "아, 아, 지휘 통제실에서 안내 드립니다. 이세종 일병과 OOO 상병 지휘 통제실로 오시기 바랍니다." 느낌이 이상했다. 중대원 45명 중 왜 하필 나와 그 선임 두 명만 부르는 걸까? 설마?

지휘 통제실에 도착해서 문을 열자, 담당 중대장(중사)님이 자리에서 일어났다. 그리고 내 옆에 있던 선임을 끌어 안으며 말했다. "OOO 상병! 우리 간부들이 이세종 일병이 지난주에 올린 V&Q 글 다 봤다. 너 평소에 그렇게 안 봤는데 그동안 세종이한테 잘해 줬단 말이야?" 그리고 나에게 물었다. "세종아, 너 이거 사실이야? 거짓말이야?"

마음 같아서는 지어낸 것이라 하고 싶었지만, 신학생으로서 거짓말을 하지 않겠노라고 하나님 앞에 약속하고 사실을 적은 것이었기에 과장 없는 사실이라고 말씀드렸다. 그러자 중대장님은 선임에게 말했다. "너 소원 말해 봐. 내가 들어줄 수 있는 건 다 들어줄게." 그때 선임은 어떤 소원을 말했을까? 역시 포상 휴가를 보내 달라고 했다. 중대장님은 선임의 소원을 들어주었고, 군인이 휴가를 가기 위해 필요한 절차인 '인사 전령전'으로 휴가를 신청하라고 했으며 선임의 휴가는 승인을 받았다.

다시 일주일이 흘렀다. 휴가를 신청하고 한 주가 지나 선임이 휴가를 떠나는 날이 되었다. 여느 때처럼 아침에 출근하기 위해 행정실로 가려는데 화장품을 바르느라 정신이 없는 선임과 눈이 마주쳤다. 그러자 선임이 나를 불렀다. 나는 내게 고맙다는 말을 하려고 부르는 것이라 생각했다. 그러나 예상은 완전히 빗나가고 말았다.

"야 이세종, 내가 휴가 가니까 억울해? 그러게 엄마 아프다고 휴가는 왜 다녀와? 휴가도 없는 놈…. 그런데 너 은근히 쓸모가 있다? 앞으로는 널 이용하면서 살아야겠다. 난 휴가 다녀올 테니 넌 신나게 일이나 해라. 돌아올 때 각오해."

그 말을 들었을 때, 하나님께 너무 서운했다. 자대 배치를 받은 첫날부터 그 사건이 있기까지 단 하루도 빠짐없이 매일 저녁마다 잠자기 전에 무릎을 꿇고 기도를 드렸다. 그런데 선임의 그 저주 섞인 말을 들은 그날, 혼란이 찾아왔다.

이번 일로 지난 두 가지 기도 제목을 회상해 보았다. 첫 번째는 선임이 일주일이라는 시간을 주며 자신을 칭찬하는 글을 쓰라고 할 때, 내게 부탁한 내용을 그의 기억에서 잊히게 해 달라는 기도였다. 하지만 응답되지 않았다. 두 번째 기도 제목은 무엇이었나? V&Q 사이트에 선임을 칭찬하는 글을 올리긴 하겠지만 어떤 간부도 그 글을 읽지 않게 해 달라는 기도였다. 설령 간부들이 글을 본다 해도 선임을 휴가 보내 주는 일만큼은 일어나지 않게 해 주시길 바랐다. 그런데 그 두 번째 기도조차도 응답을 받지 못했다. 거기까지는 괜찮았다. 하지만 선임이 휴가를 떠나는 당일에 내게 고맙다는 말은 하지 않고, 오히려 "너를 이용하며 살겠다."라는 말을 하니, 그 말을 들은 나는 내 삶을 보호해 주지 않으시는 하나님께 서운하고 슬펐다. 그날 하나님께 이런 독백을 했다.

"하나님, 하나님께서는 살아 계신 하나님 되심을 저는 확실히 믿습니다. 그러나 적어도 하나님은 군대에 있는 저를 사랑하지 않으시는 것 같습니다. 하나님은 저의 기도에 응답해 주지 않으시고 외면하시네요. 오늘은 속상해서 기도드리지 않겠습니다."(그런데 사실 이런 독백도 기도였다.)

여기서 잠시 사건을 요약해 보겠다. 하나, 선임이 일주일 안으로 글을 쓰라고 했다. 둘, 나는 선임의 요구에도 기도하며 글을 쓰지 않았다. 셋, 선임의 협박으로 그날 밤 글을 써야 했고, 다음 날 행정실에서 육군 본부 V&Q 선진 병영 홈페이지에 들어가 글을 업로드 했다. 넷, 일주일 뒤에 중대장님이 나와 선임을 불렀고, 선임의 휴가를 승인해 주었다. 다섯, 신청한 지 일주일 만에 선임은 휴가를 떠났고, 나는 그날 밤 상처를 받아 기도하지 않았다. 그럼 글을 작성해서 업로드 한 날을 기준으로 볼 때, 최소 두 주의 시간이 흐른 것이다.

다음 날이 되었다. 오랜 시간이 지난 것도 아니고, 선임이 휴가를 떠나고 하루라는 시간만 지났다. 여느 때처럼 행정실로 출근하고 있었는데 나보다 위층에서 근무하는 한 선임이 지나가며 내게 이렇게 말했다. "세종아 너 지금 출근하는 대로 홈페이지 들어가 봐. 너 혼자 실속 챙기고 그러면 안 돼. 다른 일 할 생각 말고 무조건 홈페이지에 접속해 봐."

선임이 왜 이런 말을 하나 싶어서 당황스러웠다. 그래서 출근하자마자 육군부사관학교 홈페이지에 들어갔다. 그런데 그때 여러 공지사항이 뜨더니 마지막으로 큰 팝업 창이 떴다. 그 팝업은 내 부대인 육군부사관학교가 아니라 육군본부의 글이었다. 내용은 다음과 같았다. "육군본부 주최 전군 V&Q 전체 538개의 글 중 육군부사관학교 일병 이세종, 최우수작 선정!"

선임의 협박을 받아 13분 동안 대충 쓴 글이 전국에 있는 육군 병사들과 간부들이 올린 538개의 글 중에서 1등을 한 것이다. 그때 상급 부대에서 연락이 왔다. "오늘 오후 투스타 사단장님에게 친수 표창이 있을 예정이니 가장 깨끗한 A급 전투복을 입고 오후 2시까지 상을 받으러 오십시오."

그날은 때마침 여러 높은 간부들이 함께 상을 받는 날이었다. 그곳에서 나만 일반 병사였고 옆에는 중령과 대위 상사가 수상하기 위해서 있었다. 다른 간부들에게는 상장과 함께 부상으로 시계가 주어졌다. 그래서 내심 기대했다. '나도 상장과 함께 금시계를 받겠구나.'라고 말이다.

사단장님(학교장)이 상장을 주기 위해 내 앞에 섰을 때, 옆에 있던 부관이 상장의 내용을 읽었다. "육군본부 주최 선진병영 캠페인 V&Q에서 총 538개의 글 중 이세종 일병이 최우수작 선정이 되어 육군부사관학교의 명예를 높였으므로, 이 상장을 수여합니다." 사단장님이 상장을 주시면서 옆에 부관을 부르더니 "부관, 준비한 것 가져와."라고 하셨다. 그때 돈 봉투를 건네주시는 것이다! '병사다 보니 상장과 함께 소정의 상금을 주시는구나.'라고 생각했다. 그때 사단장님이 봉투를 열어 보라고 하셨다.

돈 봉투를 개봉했다. 돈이 아니었다. 봉투 안에는 사단장 직인만 찍힌 하얀 종이가 있었다. 그때 사단장님이 이렇게 말씀하셨다. "이세종 일병, 원하는 만큼 휴가 갔다 와." 알고 보니 봉투에 있던 종이는 백지 수표처럼 원하는 날짜만큼 휴가를 다녀올 수 있는 최고의 선물이었던 것이다.

큰 충격을 받았다. 나는 이전까지만 해도 신학생이자 군종병으로서 하나님을 믿는 신실한 믿음을 지키기 위해 노력했지만 동역자가 없어 철저히 혼자라고 생각했다. 그리고 어머니의 큰 수술로 일병 정기 휴가를 다녀온 이후 교회 가는 것을 핍박한 선임의 요구를 들어줄 때, 억울함을 호소하는 기도를 하나님이 계속 응답하지 않으신다고 생각했다. 나를 외면하시는 줄만 알았다. 그런데 하나님께서는 오히려 악한 선임을 통해 내게 없던 휴가를 주셨을 뿐 아니라, 모든 환경을 합력하여 선이 되게 하시는 하나님의 역사를 온전히 체험하도록 은혜를 베풀어 주셨다. 기도를 응답하지 않으신 줄 알았는데, 하나님은 나를 위한 더 큰 그림을 그리셨으며, 내게 선물을 주시기 위해 미래를 설계하셨다.

그때부터 세상에 두려울 것이 없었다. '하나님께서는 나를 향한 완벽한 계획을 갖고 계시는구나!' '그리스도인에게 주어진 모든 환경은 하나님의 역사를 위한 퍼즐 조각이 되는구나!'라는 것을 온전히 깨닫게 되었다.

교사들과 함께 고난의 터널을 지날 때

2018년 12월, 나는 울산교회 고등부 사역자로 부임했다. 울산교회에서 사역을 시작할 때, 솔직히 나는 사역에 자신이 있었다. '맡겨진 사역을 열정을 다해 감당하다 보면 부서는 잘될 수밖에 없다!'라는 생각이었다.

그래서 교역자로 부임한 첫 주부터 선생님들이 학생들을 심방하는 것과 별도로 전체 전화 및 문자 심방을 시작했다. 적응 기간을 두거나, 어느 정도 고등부의 흐름을 파악한 뒤 천천히 내가 그려왔던 사역을 펼쳐 나갈 수도 있었지만 학생들을 챙기는 사역을 처음부터 시작한 것이다.

정말 열정을 다해 부임한 첫 주부터 사역을 달렸다. 난 그것이 옳다고 생각했고, 열심과 부지런함이 곧 부서의 부흥으로 연결된다는 확신을 가지고 있었다. 그러나 나의 생각은 일부는 맞았을지 몰라도 우선순위가 잘못된 그릇된 판단이었다. 하나님이 맡겨 주신 영혼을 최선을 다해 품는 일도 중요하지만 내 힘으로 무언가를 해 보겠다는 착각에 빠졌던 것이다.

부임하고 첫 주, 고등부 크리스마스 파티 행사를 기획하고 진행할 때만해도 내가 기획하고 생각한 그림대로 사역이 펼쳐졌다. 어려움이 없었고, 주위의 피드백도 좋았다. 그리고 2019년 새해를 시작할 때, 고등부 교사는 33명으로 출발했다. 당시 고등부는 평균 70명의 학생이 출석했다. 나는 '교사가 33명이면 무엇을 해도 고등부는 부흥할 수밖에 없다!'라고 생각하며 한 해를 시작했다. 그러나 그것도 잠시, 고난이 시작되었다.

어느 주일이었다. 설교를 마치고 잠시 자리를 비운 사이, 반별 모임이 이루어지고 있는 그때 고등부 선생님들 사이에 다툼이 일어났다. 선생님들이 다투는 모습을 일부 교사들이 보았고, 같은 층에 모임을 하던 학생들도 보았다는 것을 그곳에 계신 선생님들을 통해 뒤늦게 전해 들었다. 그래서 다툼이 있었던 선생님들을 찾아가 각자의 입장과 이유를 들었다. 서로의 생각이 있었고, 이 의견은 조금도 좁혀지지 않고 완고했다. 나는 교역자로서 중간에서 마음이 다친 선생님들을 위로하는 것밖에 할 수 없었다.

그렇게 문제가 일단락되었다고 생각했다. 하지만 고등부에는 그때부터 문제가 작은 불씨가 되어 점점 더 확산되기 시작했다.

감정이 다친 선생님들 사이에 의견이 나눠지더니 입장 차이에 따라 그룹이 생겼다. A그룹 입장에서 B그룹을 비판하는 교사들, B그룹 입장에서 A그룹을 비판하는 교사들, A와 B그룹 양쪽 입장에 서지 않는 C그룹 교사들로 나뉘어졌다. 문제의 심각성을 파악한 나는 담당 교역자로서 중재를 시작했다. 그러나 중재는 이루어지지 않았고, 오히려 화평보다 다툼과 분열이 커지기 시작했다.

선생님들이 하나둘씩 교사 단체 카톡방에서 "사랑이 없는 이곳 고등부를 떠나겠습니다."라는 말과 함께 퇴장했다. 처음에는 일부 교사만 나가는 것이라 생각했다. 그런데 현실은 사임하는 선생님들의 분위기가 전체에 영향을 미치면서 그 수가 더 늘어났다.

한 해 동안 교사들이 줄줄이 그만두었는데, 고등부는 2019년 1월부터 12월까지 33명 중에 무려 23명의 교사가 그만두는 위기에 직면했다. 교사 33명 중 23명이 그만두었으니 전체 대비 70퍼센트가 사임하는 절망적인 상황을 마주한 것이다.

그때부터 주위 성도들 사이에 좋지 않은 소문이 들렸다. "봉사할 부서를 선택할 때, 고등부는 절대 가서는 안 된다." "고등부는 봉사 자리 중에 무덤과도 같은 곳이다." "그곳에는 사랑이 없다." "교역자가 교사들 사이에서 중재를 하지 못한다." "담당 교역자가 잘못 온 것이 아닌가?" 온갖 소문이 이곳저곳에서 들려왔다.

앞이 막막하고 두려웠다. 이 상황은 마치 주위에서 나를 향해 "이세종 목사 넌 고등부 사역에 있어서 실패자야. 넌 이곳을 떠나야 돼."라고 말하는 것 같았다. 주변의 시선과 판단의 목소리가 나를 옭아맸고, 자존감은 바닥이 났으며, 마음의 병이 찾아왔다. 아파서 병원을 가도,

약을 먹어도 치료가 되지 않았다. 지금 생각해 보면 극심한 스트레스로 몸에 탈이 난 것이었다.

2019년 한 해를 돌아보면 나는 첫 열정과는 달리 부임한지 2개월도 되지 않은 때부터 학생들을 심방하거나 돌아볼 수 없었다. 왜 학생들을 돌아볼 수 없었을까? 교사들 사이에 고등부를 그만두겠다는 분위기가 이어지면서 한 분이라도 붙잡고자 부탁하고, 선생님들을 신경 쓰느라 학생들에게 마음을 쏟을 수 있는 여유가 전혀 없었다.

한 해를 마무리하는 2019년 12월, 이제 남은 교사는 10명뿐이었다. 당장 2020년 새해에 고등부를 이끌어 가야 되는데 33명 교사 체제로 유지해 오던 고등부를 10명의 교사로 이어가기는 현실적으로 불가능했다. 하루 속히 교사를 충원해야 한다는 압박감이 몰려왔다. 그런데 그것도 내 힘으로 되지 않았다. 이미 고등부에 대한 좋지 않은 소문이 전체로 퍼졌기에, 부탁을 해도 아무도 고등부에 교사로 지원하지 않았다.

그때 하나님은 내게 깊은 깨달음을 주셨다. '내가 이 문제를 해결하기 위해 하나님을 바라보는 것이 아니라, 사람의 눈치를 보고 있었구나.' 하나님은 현실을 바라보고, 사람을 찾아다니는 것에 집중하고 있던 내 모습을 돌아보게 하셨다. 나는 이미 낮아질 대로 낮아진 그때에 비로소 하나님 앞에 온전히 엎드렸다. 그리고 철저히 죄를 회개했다.

나는 하나님께 엎드려 이렇게 죄를 고백했다.

"하나님, 저의 죄를 회개합니다. 제가 지금까지 청소년 사역에 있어서 교만했습니다. 내 힘으로 열심히 하면 모든 것이 잘될 것이라고 착각했습니다. 하나님께서 은혜를 주셔야 저의 열정과 발걸음도 열매를 맺을 수 있는데, 저는 지금까지 제 열심에만 집중했습니다. 고등부 교사가 떠나는 문제 앞에서도 하나님을 먼저 바라보지 못했습니다. 제발 교사직을 떠나지 말아 달라고 사람들에게 부탁했고, 거절당할 때 현실을 보며 좌절했습니다. 이제는 하나님만 바라보겠습니다. 하나님, 33명의 교사 중 23명이 고등부를 떠났습니다. 이제 10명밖에 남지 않습니다. 모두가 저를 떠나고 있습니다. 하나님, 우리 고등부 한 번만 살려 주십시오. 제 힘으로는 아무것도 할 수 없습니다. 하나님께서 은혜를 베풀어 주셔야만 우리 고등부가 다시 일어설 수 있습니다. 고등부를 회복시켜 주옵소서."

그날부터 하나님께서는 끝나지 않을 것 같은 고난의 터널을 지나던 우리 고등부에 작은 희망의 빛을 보여 주셨다. 2019년 12월, 새해에 학생들을 이끌어 갈 교사를 모집할 때, 새해를 한 달 앞두고 10명의 교사를 더 보내 주신 것이다. 비록 처음과 같은 33명의 교사는 아니었지만, 남아 있던 10명의 교사와 새로 지원한 교사 10명이 더해져, 고등부는 20명의 교사로 새롭게 시작하게 되었다.

그리고 그때부터 고등부 교사들이 조금씩 함께 연합하기 시작했다. 코로나가 찾아온 것과 상관없이 선생님들은 교역자의 모든 생각과 뜻에 적극적으로 지지해 주며 함께 사역을 감당했다. 20명의 선생님들 한 분, 한 분이 다 정예 부대 군사와 같았고, 일당백의 역할을 감당해 주었다. 코로나 상황 속에서도 선생님들은 묵묵히 자신의 자리를 지키며 학생들을 품어 주었다.

고등부는 2020년부터 살아나기 시작했다. 선생님들이 주말에 학생들을 챙기며 이끌어 주시니 나는 그때부터 심방에 집중할 수 있었다. 그렇게 2020년 3월부터 나는 드디어 심방하는 목사로서 발걸음을 내디뎠다.

심방을 하려면 교역자가 만날 대상을 정하고, 그와 약속을 잡고 찾아가는 수고를 해야 한다. 그러다 보면 '심방은 내가 하는 것이다.'라고 착각할 때가 있다. 그런데 하나님께서는 고등부 교사가 떠나는 고난을 허락하셔서 학생 심방을 할 수 있는 것도 하나님의 은혜가 있을 때에만 가능하다는 교훈을 내게 깨닫게 해 주셨다. 심방은 내 힘으로 하는 것이 아니다. 심방은 하나님께서 다음 세대 사역에 집중할 수 있도록 환경과 여건을 열어 주실 때만 가능하다.

교사의 학생 심방도 마찬가지다. 2020년, 분명 코로나로 심방의 길이 막혔다고 볼 수 있지만 담당 교역자로서 먼저 365일 심방이 가능함을 실제 사례와 함께 알리니 힘을 얻은 선생님들이 각자의 자리에서 최선을 다해 심방을 하기 시작했다.

선생님들은 집 앞에 선물을 챙겨가서 아이들에게 전달했다. "우반소"(우리 반을 소개합니다) 콘텐츠를 기획해서 반마다 유튜브 영상을 제작하게 했을 때는, 선생님들이 아이들을 찾아가 인터뷰를 하기도 했고, 친하지 않은 반 아이들을 소그룹으로 나누어 서로 친해지도록 연결하는 수고를 감당하시기도 했다.

선생님들과 함께 고난의 터널을 지나고 희로애락을 함께 나누며 수많은 추억을 쌓았다. 그렇게 시간이 흘러, 2023년 12월, 만 5년의 사역을 마무리하는 시기에 2024년을 이끌어 갈 교사를 모집해서 최종 교사 명단을 주보에 게시하는 날이 왔다. 그때 교사 명단에 올라온 고등부 선생님들은 총 몇 명이었을까? 5년이 흐른 2023년 12월에 처음과 같은 33명이 되었다.

인위적으로 교사 수를 맞춘 것이 아니다. 다른 이들은 우연이라 생각할 수도 있다. 그러나 2024년 1월에 울산교회 사역을 마무리하며 고등부 선생님들과 지나온 날들에 대해 이야기 나눌 때, 교사들은 모두 나와 같은 마음을 갖고 있었다. "목사님, 우리 안에 참 많은 일이 있었네요. 소수 정예로 고등부를 이끌어 왔는데 이제는 교사가 5년 전의 숫자와 동일하게 회복이 되었어요. 목사님 지난 5년간 고생 많으셨어요. 우리가 정말 안 해 본 사역이 없네요. 목사님과 함께한 행복한 추억은 평생 잊지 못할 거예요."

이제 확신을 가지고 고백할 수 있다. 하나님은 우리의 실패와 고난, 역경, 위기, 욱여쌈, 외로움, 슬픔까지도 선이 되게 하셔서 하나님의 부흥 역사의 과정과 퍼즐 조각이 되게 하신다.

혹시 중고등부 교사로 헌신은 했지만, 빨리 변화되지 않는 아이들을 바라보며 지친 교사가 있는가? 청소년부를 이끌기에는 약점이 많고, 스스로 도움이 되지 않는다고 생각하는 교역자가 있는가? 아니면 교회의 위치와 재정적인 상황과 부족한 교사 등 갖추어져야 할 것이 갖추어져 있지 않아 쇠퇴하는 것 같은 부서를 보며 근심하는 이가 있는가? 교회 안에 어려움이 있어서 선생님과 교역자가 갈등 가운데 있는가? 그런 중에도 하나님께서는 반드시 그 공동체를 회복시켜 주실 줄로 믿는다.

우리는 절망하거나 포기해서는 안 된다. 봉사를 중단해서도 안 된다. 오히려 담당 교역자와 교사가 자신에게 주어진 사역을 묵묵히 감당할 때, 하나님은 회복과 부흥의 은혜를 허락해 주실 것이다.

사역의 한계 속에 주저앉는 것이 아니라, 하나님의 도움을 구함으로 사역의 한계를 돌파하는 믿음을 소유하길 바란다. 하나님은 고난과 어려움을 통해 우리의 교만이 깨지게 하실 뿐 아니라, 우리의 어려움을 재료로 사용하시어 각 교회 부서의 부흥을 위한 밑거름이 되게 하실 것이다.

심방이 사역의 지름길이다

심방과 기도를 연결하는 '기억의 파노라마'를 활용하라

  심방이 중요한 이유는 출발이 다른 사역자가 부족한 점을 극복할 수 있는 지름길이기 때문이다. 나는 처음에 사역했던 교회의 담임 목사님께 성도를 위해 오랜 시간 깊이 있게 기도하는 방법을 배웠다. 10년이 지난 지금도 그때의 가르침을 잊을 수 없어서 소개한다.

  그 방법은 '눈을 감은 순간부터 머릿속의 내비게이션을 켜서 교회를 시작으로 동네를 걸어가며 기도하는 것'이다. 동네를 걷다 보면 성도의 집이 보인다. 그때 이 집에는 어느 성도님이 살고, 성도님의 남편(아내)과 자녀가 누가 있는지를 떠올리며 그 가정을 위해 기도하는 것이다. 이어서 다음 집으로 이동하는 방식으로 기도한다. 걸어서 갈 수 없는 곳은 교회가 위치한 곳을 기준으로 상상 속의 차를 타고 인근을 이동하며 기도할 때, 한 성도도 놓치지 않고 가정 전체를 위해 기도할 수 있다는 것이 목사님의 가르침이었다.

나는 이 가르침을 심방과 연결해서 강화했다. 우선 위에 소개한 기도가 가능하려면 반드시 심방이 선행되어야 한다. 그러지 않으면 성도를 향한 깊이 있는 기도를 하기 어렵다. 그래서 심방을 통해 내 머릿속에 파노라마가 그려지게 했다. 파노라마는 본래 큰 전망이라는 뜻을 가진 단어다. 우리는 심방을 통해 기억 속 파노라마를 넓힐 수 있다.

교역자들은 청소년 부서의 한 반만이 아니라 전체 학생의 이름을 외우고, 그들의 신앙적 형편을 알아야 한다. 그런데 기억력이 좋은 사람도 있지만 그렇지 않은 사람도 있다. 심지어 당시 우리 고등부도 재적 인원이 140명이었기에 솔직히 이들을 다 기억하기는 어려웠다. 그런데 한 명씩 찾아가는 심방을 하자, 한 번 만난 아이들은 내 기억에서 잊히지 않는 경험을 했다. 심방을 통해 한 영혼에 대한 기억이 나의 장기 기억 속에 남은 것이다.

그럼 어떻게 심방이 장기 기억에 남을까? 심방은 단순히 만나는 것으로 그치지 않고, 찾아가는 과정에서 스토리가 생긴다. 영혼에 대한 특별한 마음이 생기고, 나에게 맡겨 주신 양에 대한 소중한 마음이 커진다. 예를 들어 한 교역자가 고3 학생 철수를 심방하겠다는 목표를 세웠다고 가정해 보자. 철수에게 연락을 시도한다. 바쁜 고3이라 세 차례 만에 연락이 닿았다. 시간을 정한다. 그런데 수험생이다 보니 만날 수 있는 시간과 장소가 제한된다. 언제 어디서 잠깐 볼 수 있는지 물어본다. 철수는 자신이 다니는 스터디 카페를 알려 주었고, 목사님이 찾아오시면 잠깐 내려가겠다고 말한다. 그럼 밤에 시간을 정해 그 학생의 스터디 카페를 찾아가는데, 그때 편의점이나 마트에 들러 간식을 사간다. 철수가 무엇을 좋아할지 고민해서 간식을 담아 결제한 후 챙겨 간다. 그리고 약속한 철수를 만나서 요즘 무엇이 가장 힘든지를 묻고 기도 제목을 받고 기도한 후 돌아온다.

이 예시를 통해 우리가 알 수 있는 것은 무엇일까? 한 명을 심방하기 위해서는 수많은 준비 과정과 진행 사항이 있음을 알 수 있다. 학생을 만나러 가기 위해 차를 타고 이동하다 보면 거리의 가로수, 골목, 건물 등이 보인다. 그럼 다음에 언제든 그 길을 지나갈 때면, 반드시 그 학생이 떠오르게 된다. 마치 파노라마처럼 말이다.

이것은 중고등부에만 해당되는 것이 아니다. 나는 지난 5년간의 고등부 사역을 마무리하고 현재는 초등1부(초등학교 1, 2학년)와 청년1부(직장인 청년부)를 담당하고 있다. 먼저 어린이 부서에 심방 파노라마를 적용한 경험을 이야기해 보려 한다.

처음 초등1부를 담당했을 때는 재적 60명의 어린이들이 내 머릿속에 입력되지 않았다. 5월 첫째 주, 나는 어린이 주일을 맞이하여 오후 예배 때 성도님들께 어린아이와 같은 마음을 가져야 한다고 설교했다. 그런데 하나님께서는 그때 설교자인 나에게 강력한 찔림과 깨달음을 주셨다. 마치 주님께서 이렇게 말씀하시는 것 같았다. "세종아, 너는 어린이 주일을 맞이하여 설교를 준비하고 선포하는 사역자가, 고등부를 맡았을 때와 달리 왜 어린아이들을 찾아가지 않느냐? 어린 영혼들을 찾아가는 일을 미루지 말고 실천해라."

그래서 나는 어린이날을 기점으로 학생들을 찾아갔다. 나는 고등부를 심방할 때부터 심방 원칙이 있었다. 학생을 1시간 넘게 심방하고 밥을 먹을 때는 무조건 밥과 커피를 사 주는 것이다. 반대로 학생들이 바빠서 학교나 집 앞, 학원, 스터디 카페에서 잠깐 만나거나 30분 안으로 짧게 심방해야 할 때는 소정의 선물을 챙겨 갔다.

고등부의 심방 원칙을 초등1부에 적용해 보았다. 초등1부 아이들은 저학년인 1, 2학년이고 학부모님과 함께 짧게 심방해야 하는 구조이다 보니 5월을 맞이하여 어린이날 선물을 주기로 결정했다. 이제 선물을 사러 가야했다.

그때 일부러 인터넷이나 어플로 선물을 구매하지 않고, 오프라인 매장에서 구입했다. 이유가 있다. 매장에 가서 물건을 눈으로 보고 직접 골라야 아이들에 대한 소중함이 커지기 때문이다. 마트에 갔다가 부서 아이들의 나이와 비슷해 보이는 자녀와 부모님께 질문도 해 보고, 각종 할인 정보와 레고 등의 인기 상품을 보면서 흐름을 파악할 수 있었다.

선물을 구했으니 이제는 찾아가는 일만 남았다. 저학년이다 보니 반드시 학부모님께 연락해서 심방 시간을 정해야 한다. 그런데 아이들을 만나는 것도 청소년 못지않은 변수가 존재한다. 몇 가지 예를 들면 아이가 태권도 학원이나 다른 학원을 다녀오면 저녁 시간에 맞춰 찾아가서 기다려야 한다. 학부모님이 맞벌이 부부이신 경우에는 아이들이 된다 해도 부모님이 가능한 시간에 맞춰야 한다.

그렇게 심방을 다니다 보면, 어떨 때는 학부모님께서 자녀에게 선물만 주고 돌아가려는 나에게 "목사님, 이렇게 그냥 가시면 안 됩니다. 잠시 집에 올라와서 빵과 커피를 드시고 가세요."라고 집에 초대해 주신다.

집에 들어가 보면, 생각보다 강아지를 키우는 가정이 많다. 사람만큼 큰 자이언트 비숑이 우렁차게 낯선 나에게 짖을 때도 있었다. 결국은 그 강아지가 너무 순해서 친해지기도 했다. 어떤 집은 말티즈 강아지가 있는데 목사인 내 품에 안겨 있기도 했다. 이때 어떤 일이 일어나는지 아는가? 가정 심방을 통해 나는 학부모님과 자녀에 대해서만 아는 목사가 아니라 반려견의 이름을 알고, 그 강아지가 어떻게 언제부터 가족이 되었는지도 아는 목사가 된다.

이런 심방의 과정이 찾아가는 교역자와 교사들에게 주는 유익은 무엇일까? 한 아이를 만나기 위해 이 모든 과정을 거치면 절대 그 아이와 가정에 대한 기억을 잊을 수 없게 된다는 것이다.

끝이 아니다. 지역 곳곳에 흩어져 사는 아이들을 찾아가기 위해 아파트나 빌라, 가게 앞을 지나는 길에 보이는 가로수와 자연 경관, 놀이터의 분위기, 자녀에 대한 학부모님의 진지한 신앙 상담과 기도 제목이 내 머릿속 파노라마에 기록된다. 여러분도 이렇게 심방을 통해 가정의 깊은 기도 제목을 파악하고 기억하고 기도하는 기쁨을 얻는 다음 세대 교역자와 교사가 되기를 바란다.

내 백성을 위로하라: 가정 상담, 학생 상담

가정 상담

부모와 학생의 관계가 깨지지 않도록

우리 고등부에는 마음이 아픈 아이들이 많았다. 그래서 나는 조현병, 공황 장애, 우울증, 조울증, 정서 불안 등 여러 정신 질환으로 고통 중에 신음하는 학생들을 많이 심방했다.

정신 질환을 앓는 자녀를 둔 부모님들이 교역자인 나를 찾아와 가장 많이 속상해하는 내용의 주제가 있다. 그것은 대학 병원을 몇 개월

전에 예약해서 찾아가도 그곳 의사 선생님과 실제로 상담하는 시간은 2-3분 정도 밖에 되지 않고, 약만 받아올 뿐이라는 것이다. 분명 자녀의 마음 깊은 곳에 아픔과 상처가 있는데, 그것을 부모로서 해결해 주지 못하니 비참하고 눈물이 멈출 날이 없다고 말씀하셨다.

하루는 고등부 신입생 환영회 때, 한 부모님께서 고1 자녀만이 아니라 고3 큰 아들을 본 행사에 데리고 오셨다. 나는 학생 아버지께 말씀드렸다. "집사님, 이곳은 고1 신입생만 오는 자리라서요. 임원과 헬퍼를 제외하고, 선배들은 참여하는 행사가 아닙니다."

그때 아버지께서 간곡하게 부탁하며 말씀하셨다. "목사님, 저희 큰 아들 민재가요 교회를 안 다니거든요. 그런데 자기 동생이 신입생 환영회에 간다 하니까 호기심에 따라가겠다 한 거예요. 이번 발걸음이 교회로 돌아오는 계기가 될 수 있도록 목사님이 우리 큰 아들도 참여할 수 있게 배려해 주시면 안 될까요?" 집사님의 말씀을 듣고, 민재는 예외적으로 본 행사에 참여할 수 있도록 하겠다 말씀드리고, 같은 나이의 헬퍼 형제를 붙여 주어 친해질 수 있도록 배려해 주었다.

민재와는 그날 행사를 계기로 친해졌다. 며칠 뒤 민재를 심방하기 위해 연락해서 무엇을 먹고 싶냐고 하자 "막창을 먹고 싶습니다. 목사님."이라고 했다. 그래서 막창 집에 데리고 갔다. 그러자 민재가 자신이 처한 힘든 상황과 어려움을 나누기 시작했다.

"목사님, 저는 부모님께 말썽만 피우고 피해만 주는 아들이에요. 부모님은 늘 저 때문에 눈물 흘리시거든요. 제가 돈을 벌기 위해 아르바이트를 하느라 집도 자주 나가고, 학교 수업도 안 가고, 사고도 치는데요. 그러면 안 되는 걸 알면서도 자제가 되지 않아요. 술, 담배도 끊기 힘들고, 모든 것이 괴로워요 목사님. 저 좀 도와주세요." 큰 아들 민재 본인을 포함해서 가족 모두가 책에 담을 수 없을 만큼 큰 고통 중에 살고 있었다. 그때부터 민재를 특별 관리하며 심방하기 시작했다. 민재와 동생을 함께 불러 초밥을 사 주기도 하고, 수시로 전화해서 상담도 해 주었다.

그런데 어느 날, 민재가 집을 나갔다며 어머니께 연락이 왔다. 민재가 수시로 핸드폰 번호를 바꾸다 보니 연락처도 모른다며 경찰에 실종 신고를 해 놓았는데 목사님이 우리 아들을 찾아 주실 수 없느냐고 물으셨다. 그 부탁을 받고서 어떻게 연락할지 고민하다가 민재와 연락할 수 있는 길을 찾았다. 핸드폰 번호는 수시로 바꾸더라도 SNS 인스타 계정은 그대로 있다는 사실이 생각난 것이다.

인스타 DM(다이렉트 메시지)으로 문자를 보내고 전화를 했는데 통화가 되었다. 그때 민재에게 다급하게 말했다. "민재야 너 지금 어디야? 부모님이 너를 얼마나 찾고 계시는지 알아?" "목사님, 당연히 알고 있죠. 경찰에서 연락 왔어요. 저 지금 경찰서 안 가면 끌려갈 수 있어서 직접 찾아갈 건데 혹시 부모님 대신 목사님이 저를 데리러 와 주실 수 있을까요? 목사님과 잠시 대화를 나누고 나서 집에 들어가고 싶어서요." "물론이지. 경찰서 위치 말해. 목사님이 달려갈게."

그때 시각은 밤 10시 30분이었다. 경찰서에 가서 민재의 담당 목사로서 보호자 서명을 하고(부모님의 동의하에) 민재를 집 앞 맥도날드에 데리고 갔다. 그리고 반복되는 민재의 일탈이 얼마나 큰 잘못인지를 타이르면서도 훈계했다. 그러자 민재가 말했다. "목사님, 저는 부모님께 문제만 일으키는 사람이에요. 부모님도 분명 저를 싫어하실 거예요." "민재야 그렇게 생각하지 마. 목사님이 부모님과 너 사이의 깨어진 신뢰 관계를 회복할 수 있도록 도와줄게."

그렇게 약속하며 어머니께 지금 집에 민재를 보내도 되는지 물었다. 그런데 그때 어머니께서 이런 부탁을 하셨다. "목사님, 혹시 민재를 데려다 주실 때 잠깐 저희 집에 올라와 주실 수 있을까요? 민재 아빠가 민재를 보면 큰일이 날 것 같아서요. 아버지와 아들의 관계가 더 깨어지지 않도록 목사님이 잠시라도 오셔서 중재해 주시고 기도해 주시면 정말 저희 가족에게 큰 힘이 될 것 같습니다."

어머니 집사님의 말씀을 듣고 나는 예상치도 않게 삼자대면을 하러 올라갔다. 아들을 향한 아버지의 입장을 곁에서 들었고, 아버지를 향해 서운했던 아들의 이야기를 듣는 시간을 가졌다. 그리고 민재가 부모님께 반항적인 태도를 보일 때면 담당 교역자로서 엄히 훈계했다.

밤 11시부터 시작한 대화는 새벽 2시가 넘어서 끝났다. 가족의 다툼이 커지지 않도록 대화를 마무리할 때쯤에 민재 아버지께서 내게 이렇게 말씀하셨다. "목사님, 저는 저희 아들을 포기하고 싶었습니다. 그런데 목사님의 말씀을 들으면서 우리 가정을 끝까지 포기하지 않으시는 하나님의 사랑을 기억해서 다시 민재를 믿어 볼 거예요. 목사님 감사합니다."

이어서 아버지는 민재에게 말했다. "민재야, 너도 이제 아빠와 엄마를 속이지 않고 우리와 한 약속을 지키기로 했지? 만약 또 이런 잘못을 반복하면 너는 너를 그렇게 아끼고 네가 요청할 때마다 달려와 주는 이세종 목사님을 배신하는 거야. 아빠와 엄마가 너를 다시 믿을 테니까 이제 어디 나가지 말고, 바르게 살아 보자. 부탁한다, 아들아."

밤에 학생을 찾기 위해 연락한 전화 심방과 경찰서에서 맥도날드를 데리고 가서 대화한 심방과 가정 심방을 통해 온 가족이 화합할 수 있도록 쓰임받게 해 주신 하나님께 감사 기도를 드렸다. 나는 그저 상황에 따라 순종하고 나아갔을 뿐인데, 하나님은 이런 발걸음을 통해 일하시어 부모와 자녀의 깨어진 관계가 조금이라도 회복되도록 역사해 주셨다.

청소년들 중에는 부모와 관계가 단절된 학생이 많다. 시편 127편에서 시인 솔로몬은 자녀가 부모의 기업이라고 말하지만 현실적으로 자녀를 바라볼 때면 그렇게 생각할 수 없는 속사정이 있는 가정을 만난다. 그때 담당 교역자의 역할은 누구의 편에 서는 것이 아니라 가정이 화합할 수 있도록 이끄는 것이다.

하루는 큰 문제를 자주 일으키는 학생의 어머니께서 내게 이런 말씀을 하셨다. "목사님, 제가 가장 읽기 힘들어하는 본문이 어디인지 아시나요? 누가복음 15장에 둘째 아들의 비유예요. 아버지는 탕자를 사랑으로 반기잖아요. 그런데 저는 점점 자녀에 대한 실망이 커지면서 탕자를 대하는 부모의 마음을 잃어 가는 것 같아요."

그럴 때 교역자로서 할 수 있는 말이라고는 "집사님, 얼마나 마음이 힘드시겠어요. 제가 모든 문제를 해결할 수는 없지만 자녀가 어긋난 길을 가려할 때 계속 찾아가서 권면하고 주님이 기뻐하시는 길을 걷도록 챙기며 기도하겠습니다." 밖에 없다.

그때 어머니께서 내게 이런 감격적인 고백을 해 주셨다. "목사님, 저야 이 아이의 엄마라서 이렇게 챙긴다지만 목사님은 피도 안 섞인 아이잖아요. 그런데 목사님의 모습을 보며 하나님의 사랑을 느낍니다. 저도 제 자녀를 포기하지 않고 따뜻한 사랑으로 안아 줄게요. 언젠가 이 자녀를 변화시키실 하나님을 기대할게요."

심방은 단순히 교역자와 학생 사이의 관계만 좋아지게 하는 것이 아니라, 가정까지 회복시킨다. 목사가 찾아가는 한 영혼 가운데 자신의 자녀가 포함된다는 사실을 알게 된 학부모는 담당 교역자 혹은 담당 교사를 전적으로 신뢰한다. 그리고 누구에게도 밝히지 않는 진솔한 기도 제목을 나누어 준다. 그럼 심방을 통해 그 가정을 위해 깊이 기도할 수 있는 제목을 알게 되는 것이고, 더 나아가 부모와 자녀 사이에 맺힌 깊은 상처를 씻는 역할까지 감당할 수 있게 되는 것이다.

어머니가 흘린 눈물을 보신 하나님

고등부에 예찬이라는 신입생이 올라왔다. 예찬이는 중등부에서 출석률이 일정하지 않았던 학생이다. 반이 편성되고 처음 몇 달은 예배를 잘 나왔다. 그런데 가끔 예배 중간에 화장실을 다녀오겠다고 하면서 나가면 돌아오지 않았다. 당시 예배실은 교육관 꼭대기인 7층이었고 화장실은 6층에 있었다. 결국 얼마 뒤에는 어머니가 아들을 챙겨서 올라오셔서 아들이 자리에 앉는 것을 보시고는 내려가셨다. 그런 날이 반복되었다.

하루는 여느 때처럼 예찬이가 화장실을 가겠다 하면서 내려갔다. 그런데 조금 뒤 예찬이는 올라오지 않고, 어머니가 눈물을 흘리며 올라오셨다.

어머니는 나를 바라보시며 말씀하셨다. "목사님, 우리 아들이 예배당에 올라가기만 하고 몰래 집으로 가려던 것을 저에게 걸렸습니다. 아들이 친구가 없고, 내성적이어서 교회에 나가는 것이 싫다고 하는데 어떻게 해야 될지 모르겠습니다."

시간이 흘러 예찬이는 교회를 멀리했다. 나는 그런 예찬이를 틈틈이 심방했다. 운동을 좋아하고 자기 관리를 철저히 하는 학생이었기에 헬스를 마치고 돌아올 때를 맞추어 집 앞에서 선물을 전달하는 심방을 했다. 전화 심방은 열 번 중 한두 번만 받았지만 연락을 완전히 차단하거나 피하지는 않았기에 지속적으로 관리했다.

나는 예찬이를 생각할 때마다 교육관에 올라와서 아들로 인해 눈물 흘리시던 어머니의 모습이 계속 생각났다. 고1 신입생 때부터 고2 말이 될 때까지 예찬이는 돌아올 것 같으면서도 돌아오지 않았다. 그래도 나는 포기하지 않았다.

고등부 선생님들과 함께 끝까지 챙긴 결과, 예찬이가 고3이 되면서부터 달라지기 시작했다. 교회를 나오기로, 고3이라는 가장 바쁜 시기에 예배를 빠지지 않기로 결단한 것이다. 고등부에 올라와서 2년간 방황하던 예찬이는 여름 수련회에도 참여해서 처음부터 끝까지 모든 프로그램과 집회의 찬양과 기도에 집중했다.

하나님께서 영혼을 변화시킬 때를 우리는 알 수 없다. 그러나 우리의 헌신과 심방의 결과는 반드시 열매 맺는다.

이번 일을 지켜보면서 한 가지 소원이 생겼다. 정확히 말하면 거룩한 욕심이 생겼다. 이제 나는 하나님께 이렇게 기도한다. "하나님, 이 학생이 고등부에 돌아와야 해요. 누가 다가가도 마음을 열지 않고, 피하는 학생이에요. 그런데 저는 이 학생이 빠른 시일 내에 주님께로 돌아오면 좋겠어요. 물론 이 학생은 주님의 때에 주님의 방법으로 다시 교회로 돌아올 것을 믿어요. 그런데요 하나님, 저에게는 소원이 있습니다. 저를 지금 고등부 목사로 불러 주셨는데, 제가 사역자로 있는 이때에 저를 복음의 통로로 사용하시어 이 학생이 지금 돌아오도록 이끌어 주시면 안 될까요? 하나님의 도구로 쓰임 받고 싶습니다."

이 기도를 드릴 때, 하나님께서 "그것은 욕심이다!"라고 말씀하지는 않으실 것 같다. 하나님의 때를 내 마음대로 움직이겠다는 것이 아니다. 막연하게 다음 사역자나 다른 누군가에게 이 영혼을 부탁하기보다 그를 직접 주님께로 인도하는 목자가 되고 싶은 마음을 주님 앞에 고백하는 것이다.

물론 우리는 주님의 때를 알 수 없다. 그런데 우리 각자가 할 수 있는 일은 분명히 있다. 그것은 무엇일까? 간절한 마음으로 영혼이 돌아오기를 힘쓰는 것이다. 예찬이는 교회 고3 담당 선생님의 따뜻한 권면과 사랑으로 돌아오게 되었다. 예찬이 그리고 그의 부모님과 연락을 끊지 않고 챙긴 심방도 하나님은 선이 되게 하셨다.

우리는 우리에게 맡겨진 부서의 아이들이 항상 곁에 있을 것이라 생각하며 그들에게 관심을 쏟는 일에 게으르거나 심방을 뒤로 미루어서는 안 된다. 학생들마다 수많은 변수가 존재하지 않는가? 앞으로 부서에서 계속 있을 것 같은 아이가 부모님을 따라 급히 이사를 갈 수도 있고, 어떤 시험에 들 때 붙잡아 주는 믿음의 동역자가 없어서 발길을 끊을 수도 있다.

하나님께서는 심방에 있어서 내게 하나의 영적 민감성과 민첩함이 생기도록 해 주셨다. 그것은 머릿속에 누가 떠오르거나 성도와의 대화 중에 그동안 내가 놓쳤던 영혼의 이야기를 듣게 되거나 새 가족이 오거나 누군가 나에게 심방을 요청할 때, 기억에서 사라지지 않도록 바로 그 순간 지체들에게 연락하는 것이다. 그리고 나는 빠른 시일 내에 반드시 그 영혼을 심방하기 위해 노력한다.

우리는 인생을 살아가다가 예기치 못한 사고나 어려움에 처할 때, 119에 전화해서 도움을 요청한다. 우리나라 119 구급대의 출동 시간은 평균 9분, 이송 시간은 평균 17.6분이라고 한다. 나와 일면식이 없는데도 도움이 필요해서 전화하면 묻거나 따지지 않고 9분 안에 달려오는 분들이 계시는데, 하물며 도움이 필요한 다음 세대 영혼들에게 우리도 9분까지는 아니더라도 9시간, 아니 9일 이내에는 영혼을 만나러 가야 되지 않겠는가?

영적 골든 타임을 놓쳐서는 안 된다. 예수 그리스도의 심장을 가지고 영혼들에게 나아가자.

학생 상담

학폭을 당한 아이의 아픔

고등부에 올라온 고1 지현이라는 여학생이 있었다. 지현이는 부모님 모두 학벌이 좋은 엘리트 집안에서 태어났다. 밝고 쾌활하며, 미대를 준비했던 지현이는 바쁘고 힘든 일정 속에서도 교역자가 심방을 가겠다고 하면 어떻게든 시간을 내주는 고마운 학생이었다.

지현이와는 그렇게 1년간 친해졌고, 2학년으로 올라갈 때까지 어떤 문제나 불편함 없이 편안한 시간을 보냈다. 그런데 2학년 새 학기를 시작하고부터 지현이의 얼굴이 어두워 보였다. 교회에 와도 힘이 없었고, 가끔 교회를 빠지기도 했다. 심방을 해 보려고 하면 서울이나 타지로 가족과 함께 멀리 여행을 떠나곤 했다. SNS 인스타에 가끔 올라오는 스토리를 보면 무언가 힘들고 우울한 감정이 느껴졌다.

새 학기를 시작한 지 얼마 지나지 않았을 때, 갑자기 지현이로부터 심방 요청이 왔다. "목사님, 저 심방해 주실 수 있을까요? 상담하고 싶은 것이 있어서요." 지현이와 약속을 정하고, 카페에 갔다. 그때 지현이가 이런 아픔을 말해 주었다.

"목사님, 저는 초등학교 때 왕따를 당했어요. 그중 한 아이가 저를 집요하게 괴롭혔고, 학폭의 주동자 역할을 했어요. 저를 괴롭히는 횟수가 잦아지고 반 전체를 왕따 시키는 분위기로 만드는 수위가 높아지면서 저는 이 문제를 부모님께 말씀드렸고, 선생님께도 알렸어요.

결국 학교폭력위원회가 결성되었는데요. 그 학생과 가해자 친구들 몇 명은 강제 전학 조치를 받았어요. 저는 이미 상처를 받았지만 그 아이들을 만나지 않아도 된다는 생각에 모든 문제가 해결되었다고 생각했어요."

지현이는 계속해서 말했다. "그런데 그게 아니었어요. 중학교를 지내고 고등학교에 들어갔는데 초등학교 때 저를 가장 많이 괴롭혔던 가해자 학생이 저와 같은 고등학교라는 걸 알게 되었어요. 같은 반은 아니라 다행이었지만 너무 신경이 쓰이고, 마주칠 때마다 오래 전의 아픔이 재생되는 것 같아서 힘들었거든요. 그래도 저는 반에 친한 친구들과 어울리며 오래 전의 아픔을 극복할 수 있었어요. 그런데 지금은 절망의 순간을 마주했어요. 2학년이 되었는데 그 아이와 제가 같은 반이 된 거예요. 지금은 그 아이와 같은 반이 되었다고 신고를 할 수도 없어요. 왜냐하면 그 친구가 예전처럼 저를 괴롭히는 것이 아니니까요. 그런데 그것 아시죠, 목사님? 저를 괴롭히거나 욕하는 것은 아닌데 자신의 친구들과 함께 저를 쳐다볼 때, 눈빛으로 욕하는 느낌 말이에요. 그 아이 때문에 저는 학교 가는 것이 괴롭고, 은근히 따돌림을 당하는 느낌이 들어요. 학교도 가기 싫고, 아무것도 하기 싫은데 저 어떻게 하면 좋을까요, 목사님?"

지현이의 이야기를 들으면서 다른 어느 때보다 마음이 아팠다. '얼마나 힘들었을까?' 그리고 '지금은 얼마나 더 힘들까?'라는 생각에 어떤 위로나 권면의 말을 꺼내기가 쉽지 않았다. 그저 지현이의 말을 처음부터 끝까지 주의 깊게 듣고, 함께 기도해 줄 수밖에 없었다. 그럼에도 놓치지 않았던 말은 네가 잘못한 것이 아니고, 지현이를 괴롭혔던 그 아이가 평생 반성하고 미안해해야 할 일이니 지현이는 하나님을 믿는 자녀로서 담대해야 한다는 것이다.

지현이는 그 이후로도 힘들고 어려울 때마다 담당 교역자인 나에게 상담을 요청했다. 당시 지현이는 교회에서 친구는 있었지만 예배 후에 따로 놀러 가거나 연락하는 친한 친구가 없었다. 그래서 지현이에게 동역자가 있으면 좋겠다는 기도 제목이 생겼다. 그때부터 기도하기 시작했다. "하나님, 지현이가 언제든 힘든 일을 터놓고 이야기하며 기도 제목을 나눌 수 있는 믿음의 친구를 붙여 주세요. 제가 아무리 연결해 주려 해도 서로 마음이 맞는 친구가 생긴다는 것은 어려운 일이네요. 도와주세요, 하나님."

얼마 지나지 않아 놀라운 일이 일어났다. 등록한 지 얼마되지 않은 고3 명희가 있었는데, 고2 지현이와 각자 심방한 뒤 여름 수련회에 데리고 갔다. 그리고 둘을 같은 조에 붙여 주었다. 그런데 둘이 아주 가까워진 것이다. 알고 보니 좋아하는 연예인과 취미, 즐겨 보는 애니메이션 등 관심사가 정확히 같아서 처음 대화한 날부터 가장 가까운 언니 동생 사이가 된 것이다. 둘은 수련회를 다녀온 이후에 주 중에 두세 번 만날 만큼 가까운 사이가 되었고, 진정한 동역자가 되었다.

그렇게 지현이는 웃음과 활기를 되찾았다. 명희와 지현이는 같은 동네에 살았는데, 성경 속에 나오는 다윗과 요나단처럼 서로를 위하며 격려해 주는 모습을 보면서 교역자로서 기쁘고 감사했다. 하나님께서는 상담을 신청한 지현이와의 심방을 시작으로 나를 축복의 통로 삼으셔서 지현이에게 명희라는 귀한 동역자를 붙여 주도록 이끌어 주신 것이다.

겉으로 보기에는 아무 문제 없어 보이는 학생 중에도 수많은 상처로 얼룩진 학생이 있을 수 있다. 만약 이 학생들과 담당 교역자 혹은 교사가 주일만 잠깐 만나는 어색한 관계라면 부모에게 말할 수 없는 상처를 꺼내기란 거의 불가능할 것이다. 우리는 학생들의 친구가 되어 주어야 한다. 그들의 상담자가 되려면 관계가 형성되어 있어야 한다. 그때 아이들이 자신의 상처를 꺼낸다.

내가 지현이를 위해 해 준 것은 다른 큰 것이 아니었다. 먼저는 지현이의 아픔을 귀 기울여 들은 것이고, 교회에 친구가 없는 것을 보면서 같은 문제로 고민하는 친구를 붙여 주어 동역자를 만들어 준 일이었다. 나도 지현이를 통해 '학생의 아픔에 더 깊이 공감하는 목사가 되어야지.'라고, '학생에게 믿음의 친구를 붙여 주어야지.'라고 결단하게 되었다.

꿈이 좌절된 학생에게

고등부 재적에는 들어 있지만 교회에는 나오지 않는 학생들이 있다. 보통 짧게는 3개월, 길게는 6개월 이상 출석을 하지 않으면 이들을 장기 결석자, 혹은 불출자로 구분한다. 웹 교적마다 시스템이 다르겠지만, 부교역자로서 처음부터 지금까지 사용하고 있는 'ch2ch 웹 교적' 시스템에 의하면 한 학생의 출결 상태를 장기 결석자 및 불출자로 구분하면 그 학생은 재적에 잡히지 않는다. 검색을 할 경우에만 이름이 나올 뿐, 부서로 들어가면 이름이 나오지 않는다.

고등부에는 이런 아이들이 많았다. 그래서 나는 이 영혼들을 놓치고 싶지 않은 마음에 메모에는 이들을 장기 결석자로 두되, 반 편성을 선생님에게 맡기지 않고, 담당 교역자 이름을 넣어서 그 반에 아이들을 넣게 했다.

그렇게 학생들을 챙기기 시작했다. 하루는 오래도록 교회에 발길을 끊었던 고1 성준이의 어머니께서 내 심방 전화를 받고는 심방을 부탁하셨다. "목사님, 저희 아들이 최근에 하던 예체능을 그만두고 직업전문학교에 들어갔는데요. 많이 힘든 상황이거든요. 제가 아들에게 목사님 심방을 꼭 받으라고 할 테니, 한 번만 우리 아들을 만나 주실 수 없을까요?"

학생에게 연락했다. 어머니의 도움으로 성준이도 마음 문을 열어 주어 집 앞에서 만날 수 있었다. 성준이는 우리 고등부에서 가장 먼

곳에 사는 학생이었다. 울산교회는 울산 지역 가운데에서도 중구에 위치한 교회인데, 북구 쪽으로 가다 보면 경주가 나온다. 성준이의 집은 울산이 아니고 경주였다. 그래서 경주까지 성준이 집 앞을 찾아갔다. 너무 늦은 시간이었기에 카페를 가지 않고 집 앞 놀이터에 앉아서 그동안 어떻게 지냈는지 근황을 묻고 대화를 나누었다. 어느 정도 대화를 이어 가는 중에 성준이가 자신의 어렵고 힘든 마음을 고백해 주었다.

"목사님, 저는 초등학교 1학년 때부터 수영 선수를 꿈꿨어요. 수영을 잘했고, 좋은 코치님을 만나 초등학교 6학년 때까지 전국에서 3등 안에 드는 결과를 얻었어요. 모두가 저를 주목해 주었어요. 그런데 중학교에 올라가면서부터 컨디션이 예전 같지 않다는 걸 느꼈는데요. 그때부터 저는 전국에서는 순위권에 들지 못하고 경남 안에서만 3등 안에 드는 정도로 실력이 줄었어요. 물론 이런 이야기를 하면 '경남에서 그 정도면 잘하는 것이지!'라고 생각할 수 있을 거예요. 그런데 스포츠 계열의 현실은 냉혹해요. 운동은 그 선수가 전국에서 순위권에 들어야지 모두가 밀어주는 시스템이거든요. 만약 그러지 못하면, 나머지 수영 선수들은 손에 꼽히는 실력자들을 협력하여 도와주는 사람으로 끝나고 말아요. 그래서 저는 현실을 파악했고, 고등학교 1학년이 된 순간부터는 직업 전문학교를 가기로 마음먹어서 지금 학교를 다니고 있는 거예요."

성준이에게 꿈을 바꾸게 된 지금의 마음이 어떠한지 물어보았다. 한숨을 쉬며 성준이가 말했다. "목사님, 저 솔직히 하나도 재미없어요. 평생 해 오던 수영을 안 하니 홀가분하면서도 꿈을 잃은 것 같아요. 자격증을 따야 하는데 무엇부터 해야 될지 모르겠네요." 수많은 현실의 벽에 부딪혀서 좌절한 성준이를 토닥여 주며 기도했다.

이러한 문제는 고등부 학생들에게서만 발견되는 것이 아니다. 2024년부터 담당한 직장인 청년들 사이에도 꿈이 좌절되어 고민하는 청년들이 많았다.

예체능을 전공하다가 꿈을 바꿔야 하는 학생과 이직을 준비하는 직장인 청년들이 하는 고민에는 서로 공통점이 있다. 그동안 걸어왔던 길에서 좌절을 경험하고 다른 길로 바꿀 때, '이전의 시간들이 헛된 시간이었는가?'라는 혼란에 빠진다는 것이다.

이때 내가 다음 세대 영혼에게 확실히 말해 주는 것이 있다. 바로 하나님은 우리의 삭제하고 싶은 과거까지도 합력하여 선이 되게 하시며, 걸어왔던 모든 시간을 오늘날 비전의 사람이 되기 위해 없어서는 안 될 역사의 과정으로 만드신다는 것이다.

이렇게 그들의 아픔에 공감해 주고, 말씀에 근거한 권면을 통해 소망을 안겨 주는 심방은 반드시 필요하다.

빼빼로데이에 영혼을 찾다

고등부에는 신앙의 중심이 흔들리고, 영적 혼란 가운데 빠져서 몇 달간 연락이 두절되었던 현준이라는 친구가 있었다. 현준이는 영적 침체 가운데 교회를 나오지 않았고, 공동체를 완전히 떠날 위기에 처한 학생이었다.

이 문제를 놓고 고등부는 부장 선생님과 담당 선생님 그리고 학생들 모두가 합심해서 기도하기 시작했다. 먼저 부장 선생님은 현준이와 친한 친구들을 모아서 기도 시간을 정해 정기적으로 기도했다. 그리고 담당 선생님도 그 학생을 놓고 간절히 기도했다. 또 현준이의 친구들은 담당 교역자인 내가 현준이를 만날 수 있도록 환경을 만들어 주었다.

많은 이의 기도 덕분에 어느 가을날, 드디어 현준이와 만나게 되었다. 그날은 2021년 11월 11일이었다. 우리는 저녁 7시부터 밤 11시까지 무려 4시간이 넘도록 많은 대화를 나누었다.

현준이는 '하나님에 대한 의문점', '믿음이란 무엇인가?' '기도란 무엇인가?' '하나님의 선택과 예정', 기타 여러 고민에 대해 문서까지 준비해 왔으며 그것에 대해 질문하기 시작했다. 그 수많은 질문에 대해 담당 교역자로서 답하면서도 가장 중요한 하나를 거듭 강조했는데 '예수님께서 사랑받을 자격 없는 우리를 먼저 찾아와 주셨다.'라는 사실을 기억해야 한다는 것이었다.

그렇게 4시간이 흐르고, 현준이가 다음과 같은 고백을 했다. "목사님, 저는 오늘 목사님과의 만남을 끝으로 교회를 떠나려고 했습니다. 그런데 저를 위해 걱정해 주고 생각해 주는 친구들을 통해 일단 목사님을 한 번 만나야겠다는 생각을 할 수 있었고, 목사님과의 나눔을 통해 제가 주님을 떠나서는 안 된다는 것을 알게 되었고 믿음 가운데 살아가기로 다짐하게 되었습니다."

심방을 마치고 현준이를 집 앞에 내려 주려고 정차할 때, 나와 현준이는 시계를 보았다. 시간이 정확히 밤 11시 11분이었다. 서로 "시간이 너무 신기하다!" 하면서 웃으며 인증샷을 남기고 "주일에 만나자!"라는 인사와 함께 헤어졌다.

그래서 2021년 11월 11일은 나에게 빼빼로데이가 아니라 영혼을 되찾은 날로 기억된다. 여기서 누군가는 현준이가 변화된 것이 교역자의 심방 때문이라고 생각할 수도 있다. 하지만 아니다. 현준이가 영적 위기에 빠지지 않고 돌아오기까지는 담당 선생님과 부장 선생님의 기도와 관심이 있었다. 또 그의 친한 교회 친구들도 동역자로서 그가 방황을 멈출 수 있도록 기도했고, 담당 교역자와 만나도록 끊임없이 설득했다.

한 영혼을 향한 수많은 이의 관심과 기도가 있었기에 하나님은 부족한 사역자의 찾아가는 심방을 통해 현준이가 닫힌 마음을 열도록 이끌어 주셨다.

심방은 담당 교역자만의 사역이 아니다. 담당 교역자도 열심히 심방해야겠지만 영혼을 포기하지 않는 교사가 있어야 한다. 그리고 교사의 가르침을 받아 영적 혼란 가운데 빠진 친구를 건지기 위해 함께 챙기고 품는 동역자들의 심방이 있어야 한다. 그래서 현준이도 방황을 멈추고 주님께로 돌아온 것이다.

전도서 저자는 4장 12절에서 말한다. "한 사람이면 패하겠거니와 두 사람이면 맞설 수 있나니 세 겹 줄은 쉽게 끊어지지 아니하느니라." 교역자와 교사와 학생들의 심방이 세 겹 줄처럼 연결되어 부족한 부분을 보완해 가며 상처 입은 한 영혼을 품을 때, 주님은 그 걸음을 통해 치유의 은혜를 허락해 주실 것이다.

4

잃어버린 영혼을 찾아가라

양을 잃어버린 목자의 마음으로 (누가복음 15장)

누가복음 15장에서 예수님이 세리와 죄인과 함께 식사하시는 모습을 본 바리새인과 서기관은 수군거리기 시작한다. 죄인들과 음식을 먹는다는 이유로 예수님을 비난하는 것이다. 예수님께서는 바리새인과 서기관과 모든 청중을 향해 잃은 양을 찾은 목자의 비유를 말씀하신다.

"너희 중에 어떤 사람이 양 백 마리가 있는데 그 중의 하나를 잃으면 아흔아홉 마리를 들에 두고 그 잃은 것을 찾아내기까지 찾아다니지 아니하겠느냐"(눅 15:4).

당시 팔레스타인의 광야는 낮에는 뜨겁고 건조하며, 밤에는 추웠다. 하지만 그늘에 있으면 그나마 시원했기에 거주민들은 늘 그늘을 찾아 다녀야 했다.

광야가 끝없이 펼쳐진 팔레스타인 땅에서 양 한 마리가 무리를 이탈했다고 가정해 보자. 양이 어디에 있는지 찾을 방법은 없다. 목자에게 익숙한 길 외에는 모든 길이 막연하다. 광야는 어느 동굴에서 튀어나올지 모르는 도적 떼와 들짐승 때문에 양을 찾아 나서기에는 무섭고 두려운 곳이다. 그런데 누가복음 15장에서 예수님이 소개하는 목자는 잃어버린 양을 찾아 떠난다.

그렇다면 어디서 그 양을 찾아 나서는 용기가 나온 것일까? 바로 내가 키운 양을 향한 목자의 깊은 애정에서 비롯된 것이다. 목자로서 내 양을 아끼고 사랑하는 마음이 있기에 잃은 양 한 마리를 찾아나서는 무모한 발걸음을 옮길 수 있는 것이다.

효율을 따지는 사람들이 이 본문에 나오는 예수님의 비유를 들었다면 이해할 수 없었을 것이다. 무리에 남아 있는 아흔아홉 마리를 잘 키우는 일에 집중하는 것이 효율적이기 때문이다. 그러나 자신의 양을 가족으로 여기는 목자라면 비효율적으로 보일지라도 기꺼이 한 마리를 찾아 나서는 선택을 한다. 다른 이유는 없다. 내가 소중하게 키워온 양이기 때문이다. 그 길이 아무리 막연해 보이고, 오래 걸리는 길일지라도 주저하지 않고 나아갈 수 있다.

이처럼 예수님은 한 마리의 양을 끝까지 찾아 나서는 것이야말로 하나님이 기뻐하시는 마음이요 사역자와 봉사자의 자세임을 알려 주신다. 우리도 이런 목자의 마음을 품어야 한다. 손해를 보더라도 다음 세대에게 아낌없이 주는 나무가 되어야 한다.

시인이자 아동 문학가인 쉘 실버스타인의 『아낌없이 주는 나무』라는 작품이 있다. 줄거리를 간단하게 살펴보면, 사과나무는 사랑하는 한 아이에게 자신의 모든 것을 내어 준다. 아이가 어릴 때에는 자신의 나뭇잎으로 왕관을 만들도록 해 주고, 가지에 매달려 그네를 타게 하며 쉼터를 제공한다. 이후에는 어느 정도 성장한 아이가 돈을 달라고 요구하자 돈이 될 만한 자신의 사과를 준다. 아이가 소년이 되어 따뜻한 집과 배가 필요하다고 하자 나무는 자신의 가지와 줄기까지 내어 준다. 훗날 아이가 노인이 되어 찾아왔을 때, 나무는 자신의 늙은 밑동을 내어 주는데 결말에 나오는 나무의 고백이 중요하다. "다 내어 주면서 나무는 행복했다."라는 것이다.

예수님은 목자라면 양에게 이런 사랑을 쏟아야 한다고 말씀하신다. 아이가 자신을 찾아온 첫날부터 노인이 되기까지 모든 것을 내어 준 나무처럼 말이다. 그러나 이것을 행동으로 옮기기란 결코 쉽지 않다. 아니 오히려 어렵다. 왜 그럴까? 우리가 어떤 한 영혼을 품고 기도하는데, 그 학생이 연락에 답하지 않고 반복해서 피하며 교회를 멀리하고 침묵한다면 그 누구라도 지칠 수밖에 없기 때문이다.

내가 담당하는 학생이 자신이 필요할 때만 선생님을 찾고, 정작 교회에서 예배와 말씀을 배우는 자리에는 사라지기를 반복한다고 가정해 보자. 한 주간 일터와 가정에서 치열하게 살고 주일에 교사로 봉사하는 여러분이 제자의 그런 연약한 모습을 계속 본다면 어떤 마음이 들겠는가? 곧 지치거나 교사를 그만두고 싶은 순간이 찾아올 것이다. 그렇다. 인간적인 열정과 결단만으로 끝까지 포기하지 않는 사랑을 베풀기란 매우 어렵다.

내게도 인간적인 생각이 많이 들었던 때가 있었다. 그래서 심방할 때도 반응을 잘하고 말을 잘 듣는 학생들을 더 많이 찾아갔었다. 그런데 어느 순간 누가복음 15장의 말씀이 내 머릿속을 스쳐 가며 큰 찔림을 주었다. 나는 말씀을 깊이 묵상하며 깨달았다. "왜 나는 아흔아홉 마리의 양만을 돌보고 있지? 잃어버린 양 한 마리가 어디에 있는지는 왜 찾지 않지?"라는 질문을 스스로에게 해 보았다.

물론 아흔아홉 마리의 양을 잘 돌보는 것은 우리를 향한 예수님의 마음이요 기대일 것이다. 그러나 예수님은 잃은 양 한 마리, 무리를 이탈하려 하고 목자의 통제를 받지 않아 결국 어디론가 사라져 버린 그 한 마리의 양까지도 찾아가라고 일깨워 주신다. 문제를 일으키지 않는 착한 아흔아홉 마리의 양만 돌보는 것이 아니라, 잃어버린 한 마리의 양을 끝까지 포기하지 않고 찾아 나설 때, 하나님은 더 많은 일을 나와 여러분에게 맡기실 것이다.

'언제'까지 챙겨야 할까?

정호 이야기

2021년 9월 22일, 추석 다음날이자 연휴였던 수요일 새벽 2시, 정호라는 남학생으로부터 연락이 왔다. 정호는 고등부 예배를 몇 번 나오지 않은 새 친구이자 장기 결석자였다.

정호는 2020년부터 따로 열 번 넘게 심방한 학생이었는데, 늘 이런 부탁을 했다. "목사님 밥 사 주세요. 고기 사 주세요. 막창 사 주세요. 목사님 시간 되시나요? 이디야에서 허니 브레드 사 주세요. 스타벅스에서 케이크 사 주세요." 모두 뭔가를 사 달라는 연락이었다.

당시 나는 고등부 목사로서 한 가지 결단한 것이 있었다. '잃어버린 양 찾기' 프로젝트라 해서, 장기 결석자나 새 친구에게 무언가를 바라지 말고 그들이 교역자를 찾을 때는, 열 번이 넘더라도 무조건 달려가겠다는 결단이었다. 전체 문자를 학생들에게 보냈다. "잃어버린 양 찾기 프로젝트! 지금부터 시작합니다. 맛있는 거 먹고 싶은 친구들은 언제든 목사님에게 연락하면 원하는 메뉴 사 줄게요."

이 연락을 할 때만 해도 많은 학생이 신청할 줄 알았다. 그런데 예상과는 달리 특정 몇 명의 학생들에게만 지속적으로 연락이 왔다. 그게 바로 정호였다. 그럼에도 이 학생이 찾을 때마다 다 달려갔다. 하나님 앞에 약속하고 결단한 것이 있었기에 무조건 간 것이다.

4. 잃어버린 영혼을 찾아가라

나는 정호에게 하나님의 사랑을 전하기 위해 밥도 사 주고, 고기도 사 주었다. 오늘 심방을 신청하고 이틀 뒤에 다시 해도 모두 응했다. 그런데 문제가 있었다. 이 학생이 심방하고 밥을 사 줄 때는 정확히 시간을 지켜서 나오는데, 정작 주일 고등부 예배에는 절대로 나오지 않는 것이었다.

열 번 가까이 밥을 사 주었는데도 변화가 보이지 않자, 어느 순간 너무 얄밉기도 하고 속상한 마음이 들어서 하루는 정호에게 권면했다. "정호야, 너 목사님이 이렇게 늘 맛있는 거 사 주는데 양심이 있다면 내일 교회 좀 나와. 이제 교회 나올 때 됐잖아."

그럼 정호는 전혀 예상치 못한 반응을 보였다. 미안한 표정을 지을 줄 알았는데, 오히려 엄청 섭섭하다는 표정으로 당당하게 대답했다. "목사님, 내일 진짜 교회 간다니까요? 저 못 믿으세요? 걱정 마세요. 새 친구 몇 명 데리고 갈까요? 내일 예배 10시죠? 내일 제 친구들 다 데리고 아침 10시에 갈게요. 교회에서 뵙겠습니다." 근엄한 표정으로 약속한 정호…. 다음 날 주일이 되었다. 정호가 교회에 왔을까? 오지 않았을까? 정호는 역시나 고등부 예배에 나오지 않았다.

이런 날이 수없이 반복되자, 점점 지치기 시작했다. 열 번째 심방 이후에도 결실이 없자 어느 순간부터 나는 정호에게 연락이 오면 슬슬 피하기 시작했다. 밥을 사 달라는 요청을 계속 피할 수는 없어서 가끔 전화를 받을 때마다 핑계를 댔다.

"아 정호야, 목사님이 이런저런 일로 갈 수가 없을 것 같아." "목사님이 지금 조금 바빠서, 다음에 보자."

이렇게 피하기를 계속하자 정호도 무언가를 느꼈는지, 어느 날부터 연락이 뜸해지더니 나중에는 소식이 뚝 끊겼다. 수개월이 지나 1년이란 세월이 흘렀다. 교회를 잘 다니다가 발길을 끊은 친구라면, 걱정되는 마음에 틈틈이 연락했겠지만 교회에 몇 번 나오지 않은 장기 결석자이고, 밥을 먹고 싶을 때만 찾는다는 인식을 준 학생이었기에 내 기억에서도 서서히 잊혀져 갔다.

1년 뒤인 지난 2021년 9월 22일, 추석 다음날이자 연휴였던 수요일, 그것도 새벽 2시에 갑작스럽게 정호로부터 연락이 왔다. 이 새벽에 왜 전화를 했나 싶어서 잠결에 놀란 마음으로 전화를 받았는데, 정호 목소리가 아니었다. 정호가 아닌, 경찰서 경관님이 전화를 한 것이었다. 전화를 받자 경관님이 말씀하셨다.

"안녕하세요. 여기 경찰서입니다. 정호 학생의 담당 목사님이십니까? 지금 정호의 부모님이 전혀 연락이 되지 않는데, 목사님이 보호자로서 학생을 태우러 와 주실 수 있을까요?"

경관님께 경찰서 위치를 물어보았다. 나는 그때 추석 명절을 맞이하여 장인어른 댁에 있었고, 정호가 있던 경찰서는 울산 장인어른 댁에서 가장 먼 곳에 위치한 정자해수욕장 강동 경찰서였다. 무려 30킬로미터가 떨어져 있었다. 서울로 예를 들면, 올림픽 공원에서 목동까지의 거리다. 그것도 새벽 2시에 가야 하니 얼마나 힘든 여정이었겠는가?

솔직한 심정으로 처음에는 가기 싫었다. 그날은 추석 연휴 마지막 날이자 장인어른 댁에서 가족과 함께 자고 있었기에 주저하게 되었다. 그런데 그때 옆에서 통화를 들은 아내가 말했다. "지금 다녀와요. 학생이 기다리고 있잖아요. 도움을 구한 것이니 어서 학생을 데리고 와요." 그래서 경관님께 40분 정도가 걸릴 것 같다고 말씀드리고 학생을 태우러 출발했다.

경찰서에 도착해서 확인해 보니 정호가 왜 경찰서에 오게 되었는지 알 수 있었다. 정호가 새벽에 시동이 걸린 배달 오토바이를 보고는 자유를 만끽하고 싶어서 오토바이를 훔치고 자기 집에서 40분이나 떨어져 있는 정자해수욕장까지 와서 해안가를 홀로 돌아다닌 것이었다. 그러다 오토바이를 타던 남자 청년이 정호를 보고는 아무리 봐도 어린 학생이랑 어울리지 않는 오토바이인데다가 새벽에 해안가를 다니는 것을 수상하게 여겨, 훔친 것으로 판단하고 경찰에 신고한 것이었다. 그렇게 일반 시민의 제보로 정호는 경찰서에 붙잡혀 오게 되었다.

경관님은 정호를 지정 장소에 앉아 있으라 하고 잠시 면담을 하자며 나를 다른 곳에 부르셨다. 그때 조금 걱정이 되었다. 경관님이 정호에 대해 안 좋은 말을 하실 줄 알았기 때문이다. 그런데 경관님께서 다음과 같이 말씀하셨다.

"목사님, 늦은 시간에 오시게 해서 죄송합니다. 사실 우리 학생이 많이 안됐습니다. 새벽 2시에 아들이 집에 없는데, 부모에게 전화를 해도 전화를 받지 않는다는 게 말이 됩니까? 더군다나 친척들에게까지 연락을 했는데, 왜 우리한테 연락했냐 하면서 못 간다 하고 전화를 끊어 버리더라고요. 그래서 가족 말고 네 주위에 지금 이 시간에 올 사람이 누가 있을 것 같냐고 물어보니까, 목사님의 연락처를 알려 주더라고요."라고 말씀하셨다.

큰 충격을 받았다. 잃어버린 양을 찾겠다고 주님께 말씀드리고, 아이들이 부를 때마다 연약한 자들을 찾아간 예수님처럼 달려가겠다고 약속했지만 정작 나는 그 약속을 지키지 못하고 있었다.

정호에게 아무리 밥을 사 줘도 교회에 나오지 않고, 필요할 때만 찾는 것 같았기에, 한때는 정호가 정말 미웠다. 그런데 정호는 가장 절박하고, 힘든 순간에 고등부 담당 목사인 나를 가장 먼저 떠올려 준 것이다. 그때 깨달았다. "아, 하나님이 원하시는 마음은 잃어버린 양한 마리를 끝까지 찾는 마음이구나." 주님께 정말 죄송해서 회개 기도를 드렸다.

보호자로서 경찰서에서 사인을 하고, 정호를 태우고 집으로 돌아가면서 물었다. "정호야, 늦은 시간이라 집에서 걱정하실 테니까 잠깐만 목사님하고 대화 나누고 집에 가자." 그러자 정호가 말했다. "목사님, 집에서 아무도 저 찾지 않아요. 늦게 들어가도 괜찮아요." 그래서 한

적한 곳에 잠시 주차하고, 차 안에서 1시간 가까이 그동안 나누지 못했던 많은 대화를 나누었다. 정호가 겪은 아픔과 상처, 방황한 이야기를 들었는데 마음이 아팠다.

정호가 말해 주었던 여러 이야기 가운데 가장 기억에 남는 내용이 있다. 그것은 "목사님이 가장 먼저 떠올랐어요."라는 말이다. 그 말을 들었을 때, 진심으로 고맙다고 말했다. "가장 어렵고 힘들 때, 목사님을 생각해 주어 고마워."라고 말이다. 그리고 그날 정호에게 복음의 핵심을 전했다. "목사님이 그동안 교회에 나오지 않는 너를 계속 만나고, 너를 찾아가고, 지금 이 순간에도 달려온 것은 다른 이유 없어. 목사님이 예수님의 사랑을 먼저 받은 사람이기 때문에 받은 그 사랑을 너에게 나누어 주고 싶은 거야."

그 주부터 정호는 울산교회를 다시 출석했고 고등부를 무사히 졸업했다. 청년부에 올라가서도 신앙생활을 계속 했으며 지금은 군 복무를 하고 있는 멋진 청년이 되었다.

하나님은 정호를 통해 내게 큰 깨달음을 주셨다. 한 영혼이 천하보다 귀하다는 것을 말이다. 각 교회에서 찾아야 할 잃어버린 양은 누구인가? 내가 처음 잃어버린 양 찾기 프로젝트를 할 때만 해도 이에 대한 계획을 간단하게 세웠다. 잃어버린 양이란 오래도록 발길을 끊은 장기 결석자와 불출자이기에 깊이 생각하지 못했다. 그런데 잃어버린 양을 찾는 목자를 향한 하나님의 기대는 '끝까지 찾는 마음을 품는 목자'였다. 어느 정도 챙기다가 포기하는 것은 하나님이 기대하시는 목자가 아니었다. 목자가 손길을 내밀어도 도망가려는 양, 스스로 각기 제 길로 가다가 길을 잃어버린 양은 목자의 리더십을 거부하고 목자의 품을 벗어난 양이다. 그런데 그때 그 양에게 다가가야 한다. 이런 사역은 쓸데없는 곳에 힘을 쏟는 사역이 아니다. 필수적인 사역이다. 이것이 목자 되신 예수님께서 나와 여러분을 향해 가지고 계신 기대임을 잊지 말아야 할 것이다.

'누구'까지 챙겨야 할까?

닌자 레고 선물

2020년도까지 내가 특별히 챙겼던 고1 우진이라는 제자가 있다. 우진이는 내성적이고 말수가 적은 친구였다. 선생님과 교역자의 물음에 언제나 간단히 "네." "아니요."라는 대답만 했고, 주위 학생과도 잘 어울리지 못했다.

여름이 되어 수련회를 홍보하는데 우진이는 워낙 내성적이다 보니 수련회를 가지 않겠다고 했다. 이때 담당 교역자는 어떤 반응을 보여야 할까? 한 영혼이라도 수련회에 참석할 수 있도록 이끌어야 하는 것이 교역자의 역할이다. 그래서 수련회 가정 통신문이 나간 때부터 우진이가 마음 문을 열고 수련회에 참석할 수 있도록 많은 노력을 기울였다. 조장과 조원들을 형, 누나로 편성하고, 친구도 마음 맞는 친구들을 붙여 주겠다고 했다. 그렇게 그 제자는 많은 고민 끝에 수련회에 참석했다.

노력 덕분인지 놀랍게도 수련회 첫째 날부터 우진이는 많은 선배와 친구를 사귀었을 뿐 아니라 예수님을 인격적으로 만났다. 내성적이고 말수가 없던 우진이는 수련회 전후의 모습이 완전히 다를 만큼 밝아졌고 교회 사람들과도 편하게 인사를 나누게 되었다.

나는 담당 교역자로서 우진이를 위해 최선을 다했다고 생각했다. 우진이가 수련회를 가도록 이끌었고, 수련회에서 예수님을 인격적으로 만났을 뿐 아니라 공동체에 적응하게 되었기 때문이다.

그 후 반년이 지나 코로나가 찾아왔다. 당시 고등부는 코로나가 심해져 밴드 라이브로 온라인 예배를 진행했다. 밴드를 선택한 것은 실시간 예배에 참석한 학생들이 예배에 각각 몇 퍼센트 참여했는지를 보고 점검할 수 있는 이점이 있었기 때문이다.

그런데 코로나가 심해진 2020년부터 우진이가 고등부 온라인 예배에 보이지 않기 시작했다. 처음에는 '바빠서 그런 거겠지.'라는 생각에 신경을 쓰지 못했는데, 온라인 예배에 보이지 않는 것을 확인한 순간부터 계속 연락해도 받지 않았다. 우진이만 전화를 안 받은 것이 아니라, 우진이의 어머니도 전화를 받지 않았다.

그렇게 시간이 지나고 2021년도 상반기에 우진이 어머니와 통화를 하게 되었는데 가슴 아픈 소식을 듣게 되었다. 우진이가 정신적으로 아프다는 것이었다. 건강하던 제자가 믿었던 친구에게 배신을 당하고, 학교 폭력을 당하면서 핸드폰과 전자 기기를 보지 못하는 정신적인 병을 앓게 되었음을 알게 되었다.

나는 그때 우진이를 위해 할 수 있는 것이 아무것도 없었다. 당시에는 코로나라서 예배당에 올 수도 없는 상황이었고, 온라인 예배는 학생이 TV나 컴퓨터, 핸드폰으로 봐야 하는데 우진이는 디지털에 대한 두려움에 사로잡혀 있다 보니 온라인 예배도 참석할 수 없었던 것이다. 나는 어머니에게 우진이를 위해 기도하겠다는 말, 그 말을 전해 달라는 부탁밖에 할 수 있는 것이 없었다.

시간이 흘러 가을이 되었다. 하루는 수요 저녁 기도회를 드리러 가던 때였는데, 갑자기 하나님께서 이런 찔림을 주셨다. "세종아 너는 고등부 목사로서 너의 제자가 정신적으로 고통을 겪고 있다는 이야기를 들었으면서 기도만 한다 하고 아무것도 하지 않느냐?"

그때 우진이의 어머니께 전화해서 근황을 물어봐야겠다는 생각이 들었다. 기도회 전 오랜만에 통화를 했고, 우진이의 안부를 물었는데 몇 개월 전과 상황은 동일했다. 전자 기기 공포증을 갖고 있었기에 여전히 통화도 할 수 없었다. 전화를 끊고, 곰곰이 생각해 보니 지난번 연락과 지금의 연락에는 사실 차이가 없음을 느꼈다.

통화를 끝내자마자 하나님께서 내게 주신 마음은 전화만 하라는 것이 아님을 확신하고 다음과 같이 학생 어머니께 문자를 보냈다. "집사님, 이세종 목사입니다. 조금 전에 통화할 때 여쭤보지 못한 것이 있어서요. 다름이 아니라 우리 학생은 음식 말고 물건 중에 무엇을 가장 좋아하는지 알 수 있을까요?"

그때 어머니로부터 이렇게 답장이 왔다. "목사님, 저희 아들은 레고를 많이 좋아했어요. 조금 더 생각해 보고 문자 드릴게요. 정말 감사합니다. 평안한 저녁 보내세요." 수요 저녁 기도회를 드리기 전, 우진이 부모님의 문자를 보자마자 나는 하루도 미루지 않고, 이 학생이 좋아하는 레고를 선물해 주고 돌아오자는 생각을 했다. 그리고 수요 저녁 기도회를 마친 즉시 밤 9시에 중구 홈플러스로 달려가서 레고를 골랐다. 홈플러스와 같은 대형 마트에는 레고 종류가 많을까? 적을까? 대형 마트에는 여러 종류의 레고가 있다. 해리포터, 슈퍼마리오, 프렌즈, 쥬라기공원 등 다양하다. 나는 학생이 무엇을 좋아하는지 알 수 없었기에 카트를 끌고 다니며 다급히 기도하기 시작했다.

"하나님, 저의 제자에게 어떤 레고를 선물해 주어야 할까요? 저는 잘 모르겠어요. 레고를 사서 선물해 본 적도 없고, 다시 그 어머니께 전화해서 어떤 레고를 좋아하는지 물어보기도 조심스러운 상황이에요. 도와주세요. 하나님께서 저의 선택 가운데 함께해 주세요. 친히 골라 주세요."라고 기도하며 레고 코너를 돌아다녔다.

그리고 가장 고급스러워 보이는 10만 원대 레고를 카트에 담아 구입해서 밤 10시가 넘어 학생의 집 앞을 찾아갔다. 당시 우진이가 정신적인 아픔으로 인해 전자 기기도 쓰지 못할 뿐 아니라 가족을 제외하고는 누구와도 만나지 못하는 상황임을 들었기에 우진이를 직접 만날 수 없다는 것을 알았고, 어머니 편으로 선물을 전달하려고 했다. 그런데 어머니께서 이런 말씀을 해 주시는 것이다. "목사님, 우진이가 아픈 이후로 밖에 외출을 하지 않았어요. 누구하고도 만나지 않았거든요. 그런데 목사님께서 자신을 위해 이 먼 곳까지 선물을 사 들고 오신다는 것을 듣더니 인사 드리러 나간다고 하네요."

우진이가 여름 수련회에서 나와의 좋은 추억이 있다 보니 집 앞까지 찾아온 목사인 나를 생각해서 집에서 나와 차 옆자리에 앉아 대화를 나누겠다고 한 것이다. 그래서 우진이를 차에 태우고, 트렁크에서 레고 선물을 꺼내어 전해 주었다. 그런데 우진이가 레고 선물을 보자마자 20초 정도 아무 말 없이 가만히 바라보고 있는 것이 아닌가? 그때 제자가 이런 나눔을 해 주었다.

"목사님. 정말 감사합니다. 이 닌자 시리즈는 저에게 많은 추억이 있는 선물이에요. 닌자 레고는 2011년도에 처음 방영했는데 그때 저는 초등학생이었요. 그때부터 지금까지 10년간 이 시리즈만을 좋아했거든요. 이 시리즈를 아주 좋아해서 여기에 나오는 캐릭터를 다 외우고 있을 정도인데 목사님이 그 많은 레고 중에 이 닌자 레고를 사오셨다는 게 놀랍고 신기해요. 선물해 주시고 응원해 주셔서 정말 감사합니다."

나는 학생의 반응에 놀랐다. 하나님이 주신 마음의 찔림을 따라 움직였고, 학생이 좋아하는 선물의 종류만 알고서 무작정 대형 마트에 가서 선물을 담은 뒤 전달했을 뿐인데, 하나님께서는 이런 나의 걸음을 사용하셔서 우진이가 유일하게 가장 좋아하던 캐릭터인 닌자 레고를 선물할 수 있도록 이끌어 주신 것이다. 나는 이때 다음 세대 영혼을 향한 마음 가운데 성령 하나님께서 함께하고 계심을 온전히 체험했다.

선물을 받아 기뻐하는 제자에게 배고픈지 물었다. 아직 저녁을 못 먹었다고 하기에 집 근처 맥도날드에 잠시 다녀오는 건 괜찮겠냐고 물어봤다. 목사님이랑 가는 거라면 괜찮다고 해서 어머니께 말씀드리고 햄버거를 사 주었다. 그리고 우진이가 그동안 겪은 상처와 아픔에 대해 들었다. 제자는 자신이 겪었던 어려움을 이렇게 나누어 주었다.

"목사님, 저는 여름 수련회를 다녀온 이후로 교회 생활이 기뻤어요. 그런데 다음 학년 새 학기를 시작했을 때, 학교에서 일진 친구가 저에게 다가왔어요. 저를 괴롭힌 것이 아니라 잘해 주더라고요. 그때까지만 해도 저는 친구들이 순수한 목적으로 저에게 잘해 주는 것이라 생각하고 고마웠어요. 그런데 얼마 뒤 그것이 다 계획적인 접근이었다는 것을 알게 되었어요."

제자가 이어서 말했다. "어느 날은 그 일진 친구가 제게 핸드폰을 빌려 달라 하더라고요. 그리고 카톡을 열더니 그동안 자신들이 친하게 지내고 싶어 하던 두 여학생의 연락처를 저장하고 단체 카톡방을 개설했어요. 그리고 저는 그 단톡방에서 퇴장하게 하고요. 저는 핸드폰을 잠시 빌려준 것뿐이었는데 그 일로 당시에 초대된 여학생들과 주변 사람들이 다음 날 저를 찾아왔어요. 왜 허락 없이 남학생을 초대했냐고, 누구 마음대로 이런 일을 했냐고 저를 몰아세웠어요. 저는 아무 변명도 하지 못한 채 여러 사람으로부터 비난을 받은 거예요. 그때부터 핸드폰을 포함해서 어떤 미디어에도 접촉하고 싶지 않은 공포심이 몰려왔어요. 속상해요 목사님. 저는 왜 이런 일을 겪어야 하는 걸까요?"

우진이의 이야기를 들으며 마음이 아팠다. 차 안에서 함께 기도하고 권면했다. "우진아, 하나님은 살아 계셔. 하나님께서 우진이 네가 이렇게 힘들어하는 것을 아시고 목사님을 보내신 거야. 네가 아프기 전에 어릴 적부터 좋아했던 닌자 시리즈를 선물하도록 목사님을 통해서 하나님이 친히 골라 주셨잖아. 지금의 어려움을 꼭 이겨 내고 승리해서 세상 가운데 하나님의 이름을 증거하는 멋진 그리스도인이 되자. 지금은 답답하겠지만 속히 마음의 동굴에서 빠져나올 수 있도록 목사님이 기도할게."라고 격려해 주었다. 이 날은 2021년 10월 6일이었다.

3년의 세월이 흘렀다. 이제는 청년부로 올라간 우진이의 소식을 간접적으로 들었다. 우진이가 대학 병원에서 아직 몸에 맞는 약을 발견하지 못하고 있다는 소식을 들었고, 이후에는 서울에 모 대학 병원에서 몸에 잘 받는 약을 받아 호전되고 있다는 소식도 들었다. 나는 계속 그 영혼을 위해 기도했다.

2024년 1월 울산교회 사역을 마무리할 때, 주위에서 이런 질문을 많이 했다. "목사님, 목사님은 지난 5년의 시간 동안 어떤 학생이 가장 기억에 많이 남나요?" 1월 새해를 맞이하면서 이 질문에 대해 생각하자 오래전 기억이 마치 어제의 일처럼 파노라마로 지나갔다.

그런데 파노라마의 한 지점에서 생각이 멈췄다. 2021년 10월에 마지막으로 만났던 우진이가 생각난 것이다. 보통 부교역자는 학생들이 해당 부서에서 다음 부서로 이동하면 연락을 하지 않는다. 교회에서 마주칠 때만 안부를 묻고 인사하지 따로 연락을 주고받지는 않는다. 왜냐하면 다음 부서로 올라갔을 때, 고등부를 졸업하여 성인이 된 청년 제자가 청년 담당 교역자와 새롭게 적응하고 새로운 교역자의 리더십에 합류해야 하기 때문이다. 그런데 우진이는 여러 아픔으로 교회를 나올 수 없는 상황이었기에 울산교회를 떠나기 전, 꼭 만나야겠다는 생각이 들었다.

그래서 바로 우진이 어머니께 연락을 드렸다. "집사님, 저 이세종 목사입니다. 그동안 어떻게 지내셨어요? 다름이 아니라 저 이제 다음 주면 울산교회 사역을 마무리하고 거제 섬김의교회로 이동하거든요. 지난 5년을 돌아보면서 고등부를 졸업한 제자 가운데 우진이가 가장 많이 생각이 나서요. 우진이를 심방해야겠다는 마음이 드는데 하나님께서 주신 마음인 것 같아서 연락 드리게 되었어요."

그때 어머니께서는 이런 말씀을 하셨다. "목사님, 사실 저희 아들이 지금도 몸이 안 좋아요. 이제는 없던 우울증까지 찾아왔답니다. 기존에 다니던 서울 모 대학 병원을 몇 달에 한 번 가는데요. 병원에 가도 3분에서 5분만 의사 선생님과 대화하고 약을 처방받아 오는 것이 다거든요. 몸은 점점 지치고 회복은 더디니 마음이 힘들던 상황이었는데, 목사님께서 이렇게 저희 아들을 생각해서 연락 주시니 감사해요."

어머니께 울산교회를 떠나 이사하기 전, 아들을 심방하고 싶다고 말씀드리자 어머니께서 이어서 이런 말씀을 하셨다.

"목사님, 저희 아들이 예전에는 목사님 만나러 나가기라도 했는데 이제는 상황이 더 안 좋아져서 밖에 나가질 못해요. 그런데 우진이를 만나실 수 있는 방법이 하나 있어요. 아들이 아프기 전부터 늘 같이 가던 2층으로 된 돈가스 집이 있는데요. 목사님이 그 식당에 오시면 저는 2층에서 대기하고 있고, 목사님은 1층에서 저희 아들과 심방하시면 될 것 같아요."

어머니의 말을 듣자마자 학생이 좋아했던 닌자 시리즈 레고를 사서 식당을 향해 갔다. 3년 만에 그동안 만나고 싶던 제자를 만나게 된 것이다. 제자는 나를 만났을 때, 솔직한 심정을 이야기했다. "목사님! 왜 저는 늘 아프고 힘든 거죠?" 우진이가 얼마나 힘든 시간을 보내고 있는지를 알았기에, 그 물음 앞에 나는 어떤 권면의 말도 쉽게 할 수 없었다. 어머니에게 도움이 되어 드려야 하는데 그러지 못하는 자신의 연약한 현실에 좌절한 우진이의 근황을 묵묵히 들을 수밖에 없었다.

그런데 제자가 자신의 말을 잠시 멈추더니 이어서 다음과 같은 말을 이어 가는 것이다. "목사님, 저는 여전히 힘들지만 신기한 일이 있어요. 어떤 일인지 궁금하시죠? 그것은 목사님이 항상 제가 가장 힘들고 삶을 포기하고 싶을 때마다 찾아오신다는 거예요."

알고 보니 제자가 삶을 포기하고 싶었던 두 번의 순간이 있었는데, 그때가 3년 전 내가 찾아갔던 때와 오늘이었던 것이다. 세상과 단절되어 심한 고독 속에 삶을 포기하고 싶고 지칠 때마다 내가 찾아와 위로해 준다는 말을 듣고 나는 한 가지 사실을 깨달았다. 하나님께서 한 영혼을 살리시기 위해 나를 그에게로 보내셨다는 것이다.

우진이에게 말했다. "하나님께서 너를 너무 사랑하셔서 네가 가장 힘들 때마다 목사님을 보내시는 거야. 네가 가장 힘들 때, 하나님의 위로와 사랑을 전하라고 말이야. 3년 전과 오늘, 우진이가 목사님과 만난 것은 목사님의 계획에 의해서 이루어진 만남이 아니야. 하나님이 허락해 주신 만남이야. 우진이 너도 우리의 만남이 우연이 아님을 알겠지?"

"네 물론이죠 목사님. 신기해요. 절대 우연일 수 없어요."

그렇게 제자와 대화를 나누고 헤어졌다. 1시간 30분 정도 지났을까? 제자로부터 카톡이 왔다. 선물한 닌자 레고를 완성하고서 인증 사진을 찍고 내게 감사하다는 연락을 한 것이다. 그리고 우진이는 마지막으로 내게 이런 카톡을 보냈다. "목사님 저 잊지 않으시고 기억해 주셔서 너무 감사해요. 제가 많이 부족하지만 목사님을 위해 늘 기도할게요."

이 경험을 통해 하나님은 내게 깊은 깨달음을 허락해 주셨다. "잊혀진 영혼을 찾아가야겠구나. 교회에 나올 수 없는 형편에 놓인 장기 결석자 학생들을 잊어버려서는 안 되고 소외된 영혼을 찾아가는 것이 하나님이 기뻐하시는 일이구나."라는 것을 말이다.

학생들이 교회에 나오지 않는 데에는 여러 이유가 있다. 상황마다 다르지만 종종 예배 참석을 권면해야 할 교사와 교역자의 말문을 막는 상황도 있다. 예를 들어 학생이 교회 안 친구와 관계가 깨져서 교회에 발길을 끊은 경우나, 학생들이 예기치 못한 사고와 아픔으로 고통 중에 있는 경우가 그렇다. 그런 때에는 계속 그 학생에게 부담을 줄 수도 없고, 어떻게 해야 할지 막막할 것이다.

이런 고민을 가진 교사 분와 교역자에게 확실하게 말할 수 있다. 한 영혼도 놓치지 않겠다는 중심을 지킨다면 하나님께서 그 영혼을 찾을 수 있도록 우리에게 지혜를 주시고, 그 영혼이 돌아올 수 있는 환경을 열어 주신다.

오랜만에 방문한 타지생도 잃어버린 영혼일 수 있다

거제 섬김의교회에 부임한지 한 달이 채 되지 않았던 날, 담당 부서 청년1부에 못 보던 자매가 와 있었다. 기존 청년들과 한 테이블에서 즐겁게 대화를 나누는 것을 보니 기존 청년임이 분명했다. 인사를 건네자 자신을 채은이라고 소개하면서 현재 서울 송파구에서 직장 생활을 하고 있다고 말했다. 알고 보니 중직자 가정의 자녀였다. 직장을 다니다 보니 이렇게 명절 때만 가끔씩 고향에 와서 부서 예배를 참석한다고 했다. 그때 잠시 대화한 20분 정도의 대화가 서로 나눈 유일한 대화였다.

시간이 흘러 3월 초, 담임 목사님께서 구약 파노라마 강사 자격증을 받아서 어른 성도님들을 가르치면 좋겠다 하시면서 다음 주에 서울 목동 지구촌교회에 가서 수업을 듣고 오라고 말씀하셨다. 그 수업은 월요일과 화요일 이틀간 오전 10시부터 오후 6시까지 진행되었다. 목동이 김포 공항과 가깝다 보니 비행기를 타고 이동한 뒤 목동으로 향하기 위해 오전 4시에 눈을 떴다.

수업을 듣기 위해 아침에 비행기를 타고 이동할 때, 갑자기 이런 생각이 스쳐 지나갔다. '서울까지 가는데 얼마 전에 청년1부에서 만났던

채은 자매를 심방할까? 연락해서 만약 시간이 괜찮다고 하면 만나도 좋을 것 같은데.'

비행기에서 내리자마자 카톡을 보냈다. "채은 자매, 저 섬김의교회 이세종 목사예요. 지난달에 만났을 때 짧게 대화 나눴었는데, 기억하죠?" "물론이죠, 목사님. 오랜만이에요! 저 기억해 주시고 연락해 주셔서 감사해요." "그래요. 다름이 아니라 제가 오늘 강의를 들으러 서울에 가는데요. 잠깐 볼 수 있을까 해서요." "목사님, 제가 오늘 일정이 저녁 8시 넘어서 마쳐서요. 늦게 보면 가능한데, 목사님께서 다음 날 일정이 있으시니 피곤하실 것 같아요." "괜찮아요. 저녁 8시 30분쯤 만나요."

서울 목동에서 잠실까지는 편도 1시간 10분이 걸린다. 완전 반대편 거리다. 솔직히 그날 청년을 심방하고자 하는 마음을 갖기 전, 이런 생각이 들었다. '채은 자매는 분명 서울에서 신앙생활 하고 있을 텐데, 거제에서 여기까지 와서 근무하고 지쳐 있을 채은 자매를 심방하러 가는 것이 맞을까? 아니야. 그래도 내가 부모님이 다니시는 모교회의 청년부 목사로서 서울까지 온 김에 기도 제목도 받고, 짧게라도 기도해 주며 격려하고 오자.'

몸은 피곤했지만, 시간을 내준 청년의 마음이 고마워 아무리 시간이 오래 걸려도 기쁜 마음으로 채은 자매가 일하는 잠실역으로 향했다. 카페에 도착해 한 달만에 서울에서 만나니 감회가 새로웠다. 채은 자매에게 말했다. "채은 자매가 이미 청년부를 섬기고 있고, 담당 교역자도 계시겠지만 저는 채은 자매의 모교회 목사로서 기도 제목을 받으러 온 거예요."

그런데 그때 채은 자매가 뜻밖의 대답을 하는 것이었다. "목사님, 저 사실 교회를 안 나가고 있어요. 저 교회 다니는 줄 알고 계셨죠? 요즘 방황 중이었거든요." 이유를 물어보고 지난 시간 어떻게 지냈는지를 들으니 청년의 상황은 다음과 같았다. 채은 자매는 어릴 적부터 고등학생 때까지는 늘 모든 성도님과 친구에게 인정받는 모범적인 크리스천이었다. 그러다 스무 살 때 서울로 올라오면서 조금씩 믿음이 식은 것이었다. 가끔씩 예배를 드리러 교회에 가기도 했지만 점점 발길을 멀리하게 되었다고 했다.

채은 자매는 믿음의 동역자인 친구가 이사를 가기 전까지 1-2년 정도 서울에서 함께 신앙생활을 한 기간도 있었지만 친구가 떠난 이후로 다시 교회에서 발길을 멀리하게 되었다고 말했다. 그런데 최근에 친구 중 한 명이 심적으로 큰 고통을 받아 '나도 방황을 끝내고 그 친구를 교회에 데리고 가서 주님의 평안과 위로를 주면 좋겠다!'라는 생각을 며칠 전부터 하고 있었는데, 내가 오늘 아침에 연락을 주었다는 것이다!

그때 나는 큰 충격을 받았다. 당연히 채은 자매는 중직자의 자녀로서 서울에서도 신앙생활을 계속하고 있을 것이라고 생각했다. 그런데 하나님은 이번 발걸음을 통해서 잃어버린 양을 찾도록 역사해 주신 것이다.

채은 자매는 앞으로 다닐 교회를 고민하고 있었다. "목사님, 어느 교회가 좋을까요? 무조건 큰 교회는 소속감이 없을 것 같고, 되도록 제가 속한 고신 교단 교회를 가면 좋겠는데, 추천해 주시면 꼭 예배드리러 갈게요."

채은 자매와 심방을 마친 뒤에도 우리는 교회를 선정하는 부분과 관련해서 계속 연락을 주고받았다. 물론 그 이후에 바로 교회에 연결된 것은 아니었다. 3개월이 더 걸렸다. 그렇게 잠실 근처 건강한 고신 교단 교회를 찾았고, 지인 목사님을 통해 그곳 청년 담당 목사님의 연락처를 받아서 서로 연결해 주었다.

그렇게 채은 자매는 나와 심방을 마치고 3개월이 지난 후부터 잠실에 위치한 고신 교단 교회를 출석하게 되었다. 당시 잠실에서 심방하고 헤어질 때, 채은 자매가 내게 해 준 고백이 있다. "목사님, 이번 심방은 우연이 아닌 것 같아요. 하나님께서 허락해 주신 만남이에요."라는 말이다.

하나님은 지난달 20분 정도 짧게 대화를 나누었던 채은 자매를 다시 주님의 교회로 불러 오시기 위해 나를 축복의 통로로 삼아 주신 것이다.

각 교회마다 방학이나 명절에 가끔씩 방문하는 타지생이 있을 것이다. 우리는 그들을 잠시 스쳐 지나가는 영혼으로 생각해서는 안 된다. 타지생이 올 경우에는 짧게라도 일대일 면담을 하듯이 그동안 어떻게 지냈는지에 대해 물어보는 것이 좋다. 그럼 그것이 교역자 및 선생님들에게 데이터가 되어 추후에 심방했을 때, 교제의 끈처럼 연결 고리가 될 수 있다.

타지생은 어찌 보면 '어디가 나의 교회인가?'라는 질문과 함께 혼란을 겪을 수 있다. 그때 우리는 그들이 본 교회에서 축복받고 환영받아야 할 귀한 영혼으로 느끼도록 해야 한다. 그리고 그들이 도움을 구할 때 도움을 주어야 한다. 물론 타지에서 다니고 있는 교회의 담당 교역자 분들이 잘 챙겨 준다면 그분들께 위임하는 것도 좋을 것이다. 그러나 잊지 말아야 할 것이 있다. 교역자와 교사는 타지생들을 향한 관심과 사랑을 잃지 않아야 한다.

여름 수련회에 참석하지 못한 5퍼센트를 찾아가다

나는 고등부 여름 수련회를 기획하고 진행하는 과정에서 많은 은혜를 경험했다. 학업으로 분주한 고등부 학생이 2023년에 무려 95퍼센트가 수련회에 참여한 것이다. 처음 부임했을 때만 해도 고등부 수련회에 많이 와도 70퍼센트였는데, 이제는 소수를 제외하고 모두가 함께하는 수련회가 된 것이다.

여름 수련회가 은혜 가운데 진행되었고 선한 열매들이 많이 생겼다. 특히 그동안 친하지 않았던 학생들이 서로 공동체성을 회복하고 교회에 와서도 함께 대화를 나누고 서로 가까워진 모습을 보니 흡족했다. 그렇게 얼마의 시간이 흘렀을까? 수요 기도회를 가는 길에 하나님께서는 내가 전혀 생각하지 못한 부분을 깨닫게 하셨다. 하나님께서 이런 음성을 들려주시는 것 같았다.

"여름 수련회에 학생들이 많이 참여한 것은 기쁜 일이 맞다. 그런데 여름 수련회를 마치면 공동체는 여름 수련회를 참석한 다수와 참석하지 못한 소수로 나뉜다. 그럼 수련회에 함께하지 못한 5퍼센트 학생들의 마음은 어떻겠느냐? 그들을 찾아가라."

하나님께 얼마나 죄송했는지 모른다. 하나님께서는 여름 수련회의 은혜를 간직하는 것도 중요하지만 교역자로서 이번 수련회에 참석하지 못해 추억을 공유하거나 공감할 수 없는 아이들을 돌아보라는 마음을 내게 주셨다. 그래서 나는 여름 수련회에 참석하지 못한 고3 남학생에게 전화했다.

이 학생은 나와는 긴 대화 한 번 나눠 보지 못한 내성적인 학생이었다. 그런데 카페에서 이야기를 나누며, 이 학생이 왜 수련회에 오지 못했는지 이유를 알게 되었다. 친구가 없고 용기가 없어서 이 학생은 수련회 참석 여부를 물을 때마다 큰 부담을 느꼈던 것이다. 본인이 극복하고 싶어도 극복할 수 없는 심적인 문제로 수련회에 참석하지 못했는데, 추억을 공유할 수도 없으니 더 외로웠을 것이다. 하나님은 내가 심방을 통해 이 영혼을 돌아보게 하심으로써 학생이 가진 달란트와 오래 전 고등부를 졸업한 친누나의 근황, 학생의 깊은 기도 제목 등을 듣게 하셨다.

심방을 마치고, 교사 단톡방에 다음과 같은 내용을 공지했다.

"방금 수요 저녁 기도회를 마치자마자 이번 수련회에 함께 하지 못한 고3 학생을 만났습니다. 심방해서 이야기를 나누어 보면 아무리 조용한 성격의 친구들이라도 다 나름대로의 신앙의 중심이 있고, 영적 추억이 있고, 수련회에 함께하지 못해 미안한 마음이 있음을 발견합니다. 그래서 이번 주에는 수련회에 참여하지 못한 아이들을 돌아보려고 합니다. 선생님들께서도 지난주까지 최선을 다해 수련회를 독려하셨으니, 이제는 그럼에도 못 온 아이들을 격려해 주고 주일 예배의 자리를 지키는 그 모습을 아낌없이 칭찬해 주시면 좋겠습니다. 그리고 이번 주일에는 수련회에 참여하지 못한 아이들이 소외감을 느끼지 않도록 반별 모임 때 더 따뜻하게 챙겨 주세요. 모두 고생 많으셨습니다."

울산교회 고등부는 2018년 당시 학생 중 3분의 2만 수련회에 참여해도 많이 참여한 것이었는데, 이제는 95퍼센트가 수련회에 참여하게 되었다. 이런 일은 다른 교회에서도 충분히 가능하다.

주일 학교 같은 경우에는 여름, 겨울 성경 학교, 중고등부와 청년부 같은 경우에는 여름, 겨울 수련회를 진행하기 위해 많은 노력을 기울일 것이다. 나도 행사를 앞둔 한 달 전부터 당일까지 어떻게든 한 학생이라도 더 참석하게 하기 위해 최선을 다하는 교사들의 수고와 헌신을 안다.

교역자와 교사의 입장에서 생각하면, 우리는 우리의 노력이 헛되지 않도록 참여해 준 학생들을 향해 온 마음과 생각이 기우는 것은 자연스러운 모습이다. 참석한 아이들에게 최선의 것을 선물해야 하며 바쁜 학업을 뒤로하고 수련회에 참여한 아이들에게 격려를 아끼지 말아야 하는 것도 사실이다.

그러나 리더인 교역자와 교사가 주의해야 할 것이 있다. 참석하지 못했을지라도 그 소수의 아이들을 정죄하거나 소외시키지 말아야 한다는 것이다. 그리고 수련회에 참여한 아이들을 대하듯이 똑같은 사랑으로 챙겨 주어야 된다는 것이다. 그 섬김을 통해 우리는 불참한 학생에 대한 큰 그림을 그릴 수 있다.

불참한 학생들에게 "너도 왔으면 좋았을 텐데, 왜 안 온 거야 이 좋은 곳을?"이라고 말하기보다는, 수련회에 대한 이야기 대신에 그 아이의 삶에 관심을 기울이는 대화에 집중해 보라. 그럼 그 학생은 미안해서라도 다음 수련회 때 반드시 참여할 것이다. 그러니 "다음엔 꼭 참석하는 거다!"라고 말하는 겉으로의 약속보다는 아이들의 마음을 얻는 것이 나중에 수련회에 참석하게 하는 가장 좋은 방법이라는 것을 기억하라.

5

거절은 영적 스펙이 된다

심방을 주저하게 되는 이유 중 하나는 학생들이 교역자와 선생님의 심방을 거절한다는 것이다. 그 거절이 여러 번 반복될 때, 우리는 의지가 꺾이고 좌절을 경험한다.

고등부 학생들을 심방할 때, 나도 정말 많은 거절을 당했다. 그런데 우리가 기억해야 할 사실이 있다. 심방은 거절당하는 사역이라는 것이다. 청소년 사역에 있어서 거절당하는 것은 당연한 반응이다. 우리는 거절에 익숙해질 필요가 있다.

하루는 고등부 선생님들에게 전화 심방 외에도 반 아이들을 상반기, 하반기에 한 번씩 직접 찾아가 심방할 것을 권면한 적이 있다. 그러자 임원 선생님들이 이런 말을 했다. "목사님은 심방이 잘 되잖아요. 아이들이 거절하지도 않고요. 학생들이 목사님 만나는 것을 좋아하니까요. 그런데 저희 교사들은 심방하기 어려워요. 아이들이 시간도 없고, 약속 정하기도 힘든 걸요."

나는 그런 답변이 올 때, 선생님들께 말씀드린다. "선생님, 저에게도 고등부 학생 한 명을 만나기 위해 보이지 않는 열 번 이상의 거절이 있었습니다. 심방이 익숙해진 요즘에도 거절을 당해요. 하지만 이런 거절에도 익숙해지고, 심방이 설레는 이유는 거절 끝에 최종적으로 그 아이를 만날 때면 반드시 만나야 할 상황이었음을 주님이 깨닫게 해 주시기 때문입니다."

고등부 학생들을 심방할 때, 나는 항상 인증 사진을 남긴다. 그리고 사진 찍은 것을 SNS에 업로드 한다. 학생을 만난 사진, 심방을 성공한 아이들의 모습을 SNS에 올리다 보니 주위 사람들은 내가 올린 사진만 보고, '이세종 목사는 학생을 순조롭게 만나는구나!'라고 생각한다. 그러나 현실은 그렇지 않다. 셀 수 없이 많은 거절을 당한다. 심방 스케줄 잡기를 성공한 학생만 사진을 찍기에 제3자가 보기에는 내가 늘 학생들을 편하게 만나는 것처럼 보이는 것이다.

그렇다면 수많은 거절에도 영혼을 포기하지 않는 마음과 지치지 않는 열정을 지키는 방법은 무엇일까? 그것은 수많은 거절이 거절로 끝나는 것이 아니라, 영적 스펙이 된다는 것을 기억하는 것이다. 거절은 영적 스펙이 된다.

거절당한 횟수가 영적 스펙

2023년 6월 17일 토요일, 경기도 안양에서 고신 교단 경기중부 노회 여름 성경 학교 강습회 주 강사로 말씀을 전한 날이었다. 새벽에 일어나 경기도로 향해 모든 일정을 마치고서 울산으로 돌아오니 오후 5시가 넘었다. 그날 마침 우리 고등부에 교사 분기회가 있어서 집에 돌아오자마자 짐만 내려놓고, 오후 6시에 고등부실로 향했다. 2/4분기 고등부 사역을 돌아보며 선생님들과 의견을 나누고 회의하는 시간을 가졌다. 그리고 밤 8시가 되어서야 모임을 마칠 수 있었다.

밤 8시, 다음 날 예배를 위해 주일 사역을 정리하려 하는데 피곤이 몰려왔다. 그런데 그 순간 문득 이런 생각이 스쳐 지나갔다. '교역자의 연락을 6개월 넘게 받지 않았던 장기 결석자를 다시 돌아봐야 하지 않을까? 내게 맡겨 주신 영혼을 포기하지 말자. 피곤하다고 쉬지 말고, 오히려 이런 때일수록 더 연락을 해 보자. 교사 강습회에서 영혼을 사랑하라는 메시지를 전하는 것으로 그치지 말고, 전한 나부터 말씀에 순종해 보자.'

지난 몇 달간, 아니 1년 넘게 전화해도, 적게는 열 번, 아니 스무 번, 서른 번을 전화해도 통화가 되지 않는 학생들만 선별해서 연락을 돌렸다.

첫 번째 학생에게 연락했다. 전화를 받았을까? 받지 않았다. 현실은 냉혹했다. 두 번째 학생은 전화를 걸자 거절 버튼을 눌렀다. 세 번째, 네 번째, 다섯 번째 학생…. 아니 열아홉 번째 학생에게까지 전화를 했지만 계속 울리는 연결음만 들릴 뿐이었다. 단 한 명도 전화를 받지 않았다. 지치기 시작했다. 인간적인 생각도 들었다. '외부 사역으로 먼 길을 오가고 교회 부서 모임까지 했는데, 이런 때에 장기 결석자에게 연락을 돌리겠다고 생각한 나의 결단은 인간적인 마음이었을까?' 그래도 열아홉 번째까지 전화했으니 마지막 스무 번째 학생까지만 연락해 보고 주일 사역 준비를 마무리하자는 마음으로 전화를 걸었다.

그런데 놀라운 일이 일어났다! 총 스무 명의 학생 중 마지막 스무 번째 학생이 전화를 받은 것이다. 이 학생은 1년 가까이 내 연락을 피하던 은혁이라는 학생이었는데, 전화를 받으니 얼마나 기뻤는지 모른다. 은혁이와 한참 대화를 나누었다.

은혁이는 전화를 마무리할 때에 내게 이런 나눔을 해 주었다.

"목사님, 저 사실 얼마 전까지만 해도 고등부를 나가지 않으려고 했어요. 그렇게 다른 생각도 해 보았지만 목사님이 챙겨 주신 마음이 생각나서 다시 돌아가기로 했어요. 그래서 '이제는 방황하지 않고, 다시 울산교회 고등부를 나가야지.'라고 생각하고 있었거든요. 그런데 안 나간 지 너무 오래되기도 했고 내일 갑자기 고등부에 나가면 목사님께도 죄송하고, 또 선생님과 친구들로부터 왜 그동안 안 나왔냐는 질문과 관심을 받게 될까 봐 어색할 것 같아서 교회를 정말 나가야 하나

고민하고 있었어요. 그런데 목사님이 지금 전화를 주신 거예요. 저 내일부터 고등부 예배 다시 나갈게요. 그동안 나가지 못했던 것 죄송해요, 목사님."

통화하고 다음 날인 6월 18일 주일부터 고등부 예배에 소중한 한 영혼이 돌아왔다.

열 번 연락해서 거절당할 때 한 번 거절당하는 것으로 생각하자. 스무 번 연락해서 거절당할 때는 두 번만 거절당한 것으로 생각하자. 만약 우리가 아흔아홉 번을 거절당한다 해도 괜찮다. 우리의 연락으로 마침내 백 번째에 그 학생과 연락이 닿아서 그날을 계기로 학생이 다시 교회에 나오고 주님의 품에 돌아오게 된다면, 지난 아흔아홉 번의 거절은 낭비된 시간이 아니요, 영적 스펙이 된다는 것을 꼭 기억하길 바란다.

거절이 없다면 간증도 없다. 우리가 실패와 거절을 당할 때, 하나님은 우리 믿음의 중심을 보신다. 영적 테스트를 하시는 것이다. 그러니 거절에 무너지지 말라. 거절당할수록 그 뒤에 마침내 역사하실 하나님의 은혜를 기대하라. 나는 여러분이 그런 교사와 교역자가 되시길 소원한다.

거절을 거절한다

종종 심방 세미나에 초청을 받아 강의를 할 때가 있다. 강의 대부분은 마지막에 Q&A 시간을 갖는다. 그때마다 가장 많이 받는 질문은 다음과 같다.

"목사님, 학생들이 끝까지 교사와 교역자의 심방을 거절하면 그 학생을 어떻게 해야 만날 수 있을까요? 시도해 보고 안 되면 다시 만날 때까지 어느 정도 기다려야 할까요?"

나는 늘 동일한 답변을 한다.

"거절을 거절하시면 됩니다."

이렇게 대답하면 세미나에 참여하신 분들 대부분이 당황한 표정을 지으며 웃으신다. 전혀 생각하지 못한 답변이기 때문일 것이다. 그런데 거절을 거절하는 것은 실제로 내가 청소년들에게 사용한 방법이 맞다.

여기서 오해하지 말아야 할 것은 학생들이 싫어하는데 억지로 만나러 가야 된다는 것이 아니다. 먼저 한 학생을 만날 때, 그 영혼이 어떤 환경에 있으며 학교와 학원 스케줄이 어떤지에 대한 기초적인 정보를 교역자와 교사는 기억해야 한다. 모든 정보를 알고 학생에게 전화해서 말하는 것이다. "OO아, 목사님이야. 언제 시간 괜찮아? 목사님이 너 편한 곳으로 선물 들고 찾아갈게."

"목사님, 저 시간 없는데요. 다음에 만나면 안 될까요?" 이 답변은 다음에 만나자는 말일 수도 있지만, 대부분의 경우 거절을 돌려서 표현하는 것이다.

여기서 우리는 포기해서는 안 된다. 말을 이어가야 한다.

"OO아. 학원 몇 시에 마쳐? 밤 11시에 마친다고? 그러면 목사님이 그때 잠깐 찾아갈게. 그것도 힘들면 집 앞으로 찾아갈 테니 10초만 내려와. 목사님이 너를 위해 선물을 샀거든. 1시간도 아니고 30분도 아니고 5분도 아니고 10초만 네가 있는 곳으로 찾아갈게. 목사님이 이렇게 너에게 정성을 쏟는데, 솔직히 10초는 만나 줘야지! 오히려 목사님 한 번 만나고 자유로워지는 것이 낫지 않겠니?"

이렇게까지 말하면, 학생들은 어떤 반응을 보일까? 화를 낼까? 짜증을 낼까? 그렇지 않다. 청소년 정도의 나이가 되면 아이들도 양심이 있다. 그들은 속으로 생각한다. '그래 목사님이 이렇게까지 나를 한 번 만나려고 힘쓰는데 진짜 10초만 만나자.' '한 번 만나고 자유로워지자.'

그렇게 찾아가서 안부를 묻고 선물을 전달하면 짧은 심방이 이루어진다. 여기서 주의해야 할 것은 절대로 학생을 만난 반가운 마음에 대화를 오래 끌어서는 안 된다는 것이다. 짧게 인사만 나누고, 그 자리를 벗어나는 것이 중요하다.

심방 시간이 제곱이 되다

제곱의 사전적인 뜻은 '같은 수를 그 수만큼 곱하는 것'이다. 한 학생, 한 학생을 여러 번 찾아가다 보면 놀라운 일이 일어난다. 첫 번째 심방은 30초, 1분도 안되는 잠깐의 만남이었지만 두 번째 심방부터는 심방 시간이 제곱으로 늘어나는 것이다!

두 번째로 학생을 찾아갈 때면 학생들의 모습에 변화가 보이기 시작한다. 학생들은 자신을 찾아와 준 선생님과 목사님에게 미안하고도 고마운 감정을 가지고 있다. 그래서 다음 심방부터는 제곱의 은혜가 적용된다. 첫 번째 심방 때 5분을 만났다면, 두 번째는 30분에 가까운 심방이 가능해지는 것이다. 세 번째는 식사 자리가 되고 그렇게 1시간, 2시간 심방이 가능해진다.

그래서 아무리 짧은 시간이라도 직접 얼굴을 대면하는 심방, 인사라도 간단히 나누는 심방이 중요하다. 거절을 거절하는 방법으로 말이다. 여기서 멈추면 안 된다. 두 번째부터 제곱의 은혜가 적용되기에 여러 차례 반복해서 담당 부서의 아이들을 만나야 한다.

이는 지난 3,000회의 심방을 하면서 직접 경험한 것을 토대로 제안하는 방법이다. 심방을 받을 때마다 한두 시간 이상을 할애해 주던 아이들에게 이렇게까지 마음이 열린 계기가 무엇이었느냐고 묻자, 아이들은 다음과 같이 공통된 답을 해 주었다.

"목사님, 솔직히 처음에 저는 목사님을 만나는 것이 귀찮았어요. 부담스럽기도 했고요. 그런데 목사님이 진짜 제가 잠깐 되는 시간에 맞추어 우리 고등부가 어디에 있든 거기에 선물을 들고 찾아와 주셨잖아요. 저는 그 심방이 한 번으로 끝날 줄 알았거든요. 그런데 목사님은 다시 저를 찾아와 주셨어요. 두 번째로 찾아오실 때부터 이런 생각이 들더라고요. '생각해서 찾아와 주시는 목사님께 너무 냉정하게 잠깐만 시간이 된다고 말하지 말자. 목사님도 바쁘고 가정이 있지만, 나를 생각해서 오신 건데 내가 이러면 안 되지.'"

그러고는 이렇게 말했다. "이번에는 목사님과 카페에서 대화를 나누어도 괜찮다고 말하자고 생각했어요. 그렇게 목사님께 마음 문을 열게 되었어요. 또 심방을 하면 재미있고 친한 친구들과도 함께 만날 수 있도록 목사님이 연결해 주시니 기대가 되었어요. 직접 태우러 오시고 바래다주기까지 하시니 이제는 먼저 목사님께 심방을 해 달라고 요청하게 되었어요."

심방은 시간만 제곱으로 늘어나는 것이 아니다. 학생들은 처음에 담당 교역자와 선생님들에게 마음의 문을 1만큼만 열어 준다. 하지만 심방이 쌓일수록 그다음부터는 10까지 열어 주는 변화를 경험하게 될 것이다.

한 번 찾아가는 것보다 두 번째부터 진짜!

우리는 한 번은 학생들을 찾아갈 수 있다. 어떤 프로젝트나 이벤트를 열어 한 번은 심방할 수 있다. 물론 전체 영혼을 한 번씩 찾아가는 것도 대단한 일이다. 학생들마다 일정이 다른데 그것을 조율해서 심방하는 것이 결코 쉬운 일이 아니기 때문이다. 그런데 우리는 여기서 한 번 더! 학생들을 찾아가야 한다.

교사와 교역자가 학생들을 찾아갈 때, 한 번 찾아가는 것도 아이들에게 고마움을 갖게 할 수 있다. 그런데 두 번째 찾아갈 때부터는 심방의 발걸음에 '특별함'이라는 수식어가 붙는다. 두 번째 만남에서부터 내가 맡은 영혼을 향한 진심과 사랑이 전달되는 것이다.

어느 날, 친한 지인이 나에게 이런 말을 했다. "이세종 목사가 담당하는 고등부는 140명이나 되니까, 학생들이 담당 교역자를 1년 동안 한 번 만나기도 어렵겠다."

그 말을 들었을 때, 나는 사람들의 편견을 깨고 싶었다. 먼저는 '아이들이 큰 교회를 다녀서 학생 수가 많다는 이유로 교역자를 만나지 못한다면 이는 학생들 입장에서 안타까운 일이다. 나는 많은 인원이 다니는 교회라도 담당 교역자를 언제든 편하게 만날 수 있는 공동체를 만들어 보자.'라는 마음이 들었다.

그래서 하나님께 약속했다. "하나님, 140명의 고등부 영혼들을 연간 한 번이 아니라 다섯 번씩 찾아가겠습니다." 140명을 다섯 번씩 만나면 칠백 번이 된다. 그렇게 나는 2020년 3월부터 2024년 1월(울산교회 고등부를 담당했던 기간)까지 매년 칠백 번의 심방을 감당했다.

학생들을 연간 칠백 번씩 찾아가 만난 사역자로서 교사, 교역자분들께 확실하게 말씀드릴 수 있다. 시간을 지혜롭게 분배하고 활용한다면 아무리 많은 인원이라도 심방할 수 있다!

아이들을 중복해서 만나면 만날수록, 그 영혼은 교역자에게 마음의 문을 열고, 부서에 없어서는 안 될 일꾼으로 변화된다. 고등부 학생 중 한 명도 예외 없이 교역자의 진심을 알아주었다. 마음이 통하기까지는 다른 특별한 과정이나 이벤트나 행사가 필요하지 않다. '한 번 더' 찾아가는 발걸음에서 학생들은 교역자의 마음을 느낀다.

각 교회마다 두 번 이상의 심방이 어려운 이유가 있다. 첫 번째는 심방이 이벤트나 프로젝트로는 신선함이 있지만 두 번째부터는 뭔가 특별함이 없어 보이고, 비효율적으로 보이기 때문이다. 나도 한때 그런 생각을 했었다. 현재 담당하고 있는 초등1부 아이들을 심방하는 것을 예로 들어 설명하려 한다.

초등1부는 아이들의 나이가 어리기에 반드시 학부모님께 연락 드린 후 학부모님과 함께 심방을 해야 한다. 그런데 한 번을 다 만났을 때부터 이미 좋은 피드백을 받았다. 학부모님이 이런 말씀을 해 주었다. "목사님, 지금까지 이렇게 우리 자녀를 위해 집 앞까지 찾아와 주신 분은 목사님이 처음이었어요."

이 말을 들었을 때, 솔직히 뿌듯함을 느꼈다. 그리고 아이들을 다 찾아가는 수고를 했으니 '이제는 쉬어도 된다.' '전체 행사를 기획하면 된다.'는 안주하는 마음이 생겼다. 그런데 조금 시간이 흘러 말씀을 묵상하고 기도하는 중에 하나님께서 내게 한 가지 깨달음을 주셨다. "세종아 안주해서는 안 된다. 한 번 더 찾아가서 영혼을 향한 사랑을 증명해라."라는 깨달음이었다.

솔직히 두 번째 다시 찾아가는 것은 쉽지 않았다. 다시 전체를 돌아보려면 오랜 시간이 걸릴 텐데, 엄두가 나지 않는 것이었다. 그런데 마트에서 선물을 구입하고 두 번째로 심방하기 위해 나아갔던 첫 번째 발걸음에서 하나님은 깊은 깨달음을 허락해 주셨다.

초등1부 1학년 아이를 만나러 가는데, 아이의 어머니가 함께 나오셨다. 자녀에게 레고를 선물하는데 갑자기 어머니는 눈시울이 붉어지더니 이런 나눔을 해 주었다.

"목사님, 이렇게 두 번째 찾아오시는 발걸음을 통해 다음 세대 자녀들을 향한 진심이 느껴졌습니다. 사실 지난 추석에 제가 뜻하지 않게 소정의 돈을 받게 되었는데요. 목사님 생각을 했어요. '목사님께 이 돈을 드리는 것이 나의 섣부른 판단일까?'라고도 생각했지만, 목사님이 한 번 더 우리 자녀를 만나러 오신다는 연락을 받고 이 돈은 반드시 목사님께 드려야겠다고 생각했어요. 진심으로 감사합니다."

"목사님의 사역을 응원합니다."라는 문구가 적힌 봉투 속에는 내가 두 번째 심방을 하기 위해 아이들의 레고를 구입하느라 지출한 그 금액이 정확하게 들어 있었다. 그때 나는 깨달았다. 하나님이 내 두 번째 발걸음을 기뻐하신다는 것을 말이다.

오래 걸리지만 가장 빠른 길

요즘 시대에 심방을 강조하지 않는 이유는 심방이 트렌드가 아니기 때문이다. 심방은 화려하지 않다. 심방은 직접 찾아가 만나야 하기에 빠른 효과나 결과를 기대할 수도 없다. 그것만이 아니다. 심방은 오랜 시간이 걸린다. 그래서 지속적으로 심방하기가 쉽지 않다. 짧게 만나는 심방을 진행할 경우, 최대 몇 명을 만날 수 있는지 도전해 본 적도 있지만, 내 기준에서는 여덟 명이 최대였다.

주변에서 학생들을 이리저리 찾아가는 나를 보면서 이런 조언을 해주신 분이 있었다. "심방할 때 지역을 나누어 심방하면 효율적이잖아요. 그런데 왜 목사님은 서로 먼 지역을 다니며 비효율적으로 심방하시나요?"

비효율적으로 심방하는 이유는 학생들을 만나는 데에는 변수가 많기 때문이다. 울산 지역을 구별로 나누어 학생들을 심방하기로 계획한다 해서 절대 그 계획대로 학생들을 만날 수 있는 것이 아니다. 그것은 불가능에 가깝다. 여러 사정이 생겨서 당일에 약속을 취소하는 아이들이 의외로 많기 때문이다. 그래서 아이들 모두를 만나려면 비효율적이더라도 거리를 따지지 말고 찾아가는 것이 중요하다.

처음에는 여러 명을 만났지만, 이제는 진솔하게 나누고, 기도 제목을 파악하고, 그들과 하나 되는 소통의 심방을 하는 것이 유익해서 하루 최대 세 명을 넘기지 않고 그들에게 집중하는 심방을 진행하고 있다. 교사 혹은 교역자에게 강조하고 싶은 것이 있다. 그것은 효율을 따지지 말고 찾아가라는 것이다. '이것이 효율적인가? 저것이 효율적인가?'를 생각하는 것보다 고민 없이 그때마다 주어진 영혼을 찾아갈 때, 그것이 바로 다음 세대 사역의 지름길이 될 것이다.

365일 심방하는 목사

Tip 1

꼭 알아야 하는 심방 수칙

1. 만남
- **약속했다고 끝이 아니다!**
  심방을 약속했다고 끝이 아닙니다. 학생들이 당일에 잠수를 타거나 변수가 생길 수 있기에 하루 전에 미리 다음 날 심방할 일정을 꼭 체크해야 합니다.

- **시험 기간에는 짧고 굵게**
  학생들의 집중을 방해하면 안 됩니다. 간식과 텀블러(머그컵) 같은 선물을 사서 짧게 격려하고 기도해 주는 심방을 진행해야 합니다.

- **늦은 시간에는 안전하게**
  학부모님께 말씀드리고, 밤 10시가 넘으면 24시 프랜차이즈 식당에서 두 명 이상 함께 만나 식사합니다.

- **무리하지 않기**
  체력적 한계에 부딪히지 않도록, 무리가 되지 않는 선에서 심방을 진행하며, 다른 사역을 고려해 체력을 안배해야 합니다.

2. 대상
- **이성을 심방할 때는 세 명 이상**
  교역자 포함 세 명 이상, 차로 이동할 때는 정해진 장소에서 함께 태우되 보조석이 아닌 뒷좌석에 앉게 합니다. 부득이하게 개인적으로 심방할 때는 부모님께 확인한 후 동선과 일정을 부모님과 담임 목사님, 부교역자에게 공유합니다. 저 같은 경우 학생을 심방한 후 SNS에 올려 투명한 심방이 이루어지게 합니다.

- **혼성은 네 명부터**

  남학생과 여학생을 함께 심방할 경우에는 남학생 한 명, 여학생 한 명을 만나면 분위기가 어색해집니다. 이런 경우에는 친한 남학생 두 명, 친한 여학생 두 명으로 편성하여 네 명을 만나는 것이 좋습니다.

- **남학생은 세 명부터**

  남학생 두 명을 심방하면 아무리 친한 친구들이라도 대화를 하지 않는 경우가 많습니다. 그런데 세 명 이상이 되면 함께 심방할 때 굳이 교역자나 교사가 중간 역할을 하지 않아도 밝은 분위기 속에서 심방이 가능합니다.

- **랜덤 심방은 그룹별로**

  학생들을 스타렉스에 태워 랜덤으로 심방할 때 전혀 모르는 친구들을 섞는 것은 좋지 않습니다. 이때는 그룹이 확장되는 것이 건강한 방법입니다. 예를 들어, 패밀리 구성원을 두세 명씩 한 차에 태우면, 인원이 많아도 즐거운 랜덤 심방을 진행할 수 있습니다.

- **장기 결석자 심방은 이렇게**

  장기 결석자 학생은 한 해가 지나 반 편성을 새로 할 때, 재적에 넣기 어렵습니다. 그런데 이를 그냥 재적에서 삭제한다면 영혼을 되찾을 기회를 잃을 수 있습니다. 그래서 저는 해당 학생들을 교역자 반으로 편성했습니다. 그리고 주요 행사나 공지 사항을 보내 주어 소속감을 느낄 수 있도록 했습니다. 가끔 안부 연락을 하며 심방의 끈을 놓지 않으면, 그 영혼도 돌아오게 될 것입니다.

● 학부모님이 심방을 요청할 때는
종종 학부모님이 심방을 요청하실 때도 있습니다. 그럴 때는 먼저 담당 부교역자와 담임 목사님께 알리고, 교회 카페나 오픈된 회의실 등의 공간에서 심방을 진행합니다. 학부모님께는 상담 내용이 담당 부교역자와 담임 목사님께 전달됨을 알리고, 심방이 끝나면 상담 결과를 보고합니다.

● 부서 학생을 심방할 때, 타 부서 형제도 함께 나오려고 할 경우
각 부서를 존중해야 합니다. 부득이하게 형제자매를 함께 심방해야 할 때는 해당 부서 담당 교역자와 사전에 상의하세요. 선물을 전달할 때도 당사자에게만 전달해야 합니다.

● 상급 부서로 진급하거나 타 지역으로 떠난 학생이 심방을 요청할 때는
졸업이나 이사 등의 이유로 우리 공동체를 떠나 새로운 공동체에 소속된 학생들이 심방을 요청할 때가 있습니다. 이 경우에는 새로운 사역자에 대한 배려로 그 학생들을 심방하면 안 됩니다. 그래서 저 같은 경우에는 고등부를 사임할 때 제자들에게 이렇게 이야기 했습니다. "얘들아, 우리가 서로 떨어져 있어도 서로를 위해 기도하는 관계가 되자. 직접적인 연락은 하지 말고, 대신 SNS로 서로가 올리는 소식과 스토리에 좋아요 표시로 공감하고 소통하자."

- 놓치는 영혼이 없도록!

  아직 심방받지 않은 아이들이 서운한 감정을 느끼거나 오해가 생기지 않도록 끝까지 남은 한 명까지도 다 찾아갈 것임을 중간중간 확인시켜 주어야 합니다.

- 교회를 잘 나오는 학생이 여러번 심방 기회를 얻는 건 당연합니다.

  선생님께 맛있는 것을 사 달라 하고 그렇게 만나자고 연락을 준다면 그것에 스트레스를 받지 말고 기특하게 바라봐 주세요. 물론 그것이 지나칠 때는 학생에게 부드럽게 말해 주어야 합니다.

3. 대화

- 일방적인 경험담은 안 돼요.

  심방할 때는 일방적으로 경험담을 말하는 것을 주의해야 합니다. 학생이 직접 이야기할 수 있도록 이끌어야 하는데, 대화 중 어른 교사와 교역자가 자신의 오래전 삶의 경험을 비추어 길게 말한다면 대화는 깊어질 수 없습니다. 내가 말하기보다 학생의 말에 귀 기울여 주세요.

- 일대일로 관계를 맺으세요.

  대화에 부모님을 불러오지 마세요. "부모님께 말씀드리겠다." 등의 말은 학생들이 마음 문을 닫게 만듭니다. (물론 지도가 필요하거나 문제의 심각성을 알려야 할 때는 교역자로서 반드시 부모님께 말씀드려야 합니다.)

Part 2

심방에는 전략이 필요하다

꾸준한 심방을 위해서는 안전장치가 필요하다

우리의 영적 엔진, 그리스도의 심장

1년 전, 고등부 학생들을 심방하러 가는데 차에 문제가 생겼다. 엔진 오일을 교체한 지 얼마 안 되었는데 경고 등이 뜬 것이다. 보통은 6,000킬로미터에서 7,000킬로미터 정도를 타면 엔진 오일을 교체해 주어야 차가 건강하다. 그런데 내 차는 당시 4,000킬로미터도 달리지 않았다. 그래서 무언가 문제가 있겠다 싶어서 동네 공업사를 방문했다. 기사님께서 내 차를 검사하시더니 "아무래도 이 차는 엔진 오일 누수 현상이 있는 것 같습니다. 현대자동차 블루핸즈에 가 보셔야 할 것 같습니다."라고 하셨다.

블루핸즈에서 다시 검사를 받는데, 그곳 기사님은 엔진 오일의 양을 측정하기 위해 엔진 오일을 넣은 후 엔진 오일과 관련된 모든 주입구를 봉인하는 작업을 해 주셨다. 그 후 2,000킬로미터를 주행하고 나서 한두 달 지난 뒤에 다시 방문하면 줄어든 오일의 양을 측정하겠다고 하셨다.

그렇게 한 달 뒤에 다시 차를 검사하러 갔다. 그런데 확인 결과 엔진 오일 누수 결함이 있었다. 내 차는 당시 아반떼 MD 차량으로, 10만킬로미터 가까이 주행한 오래된 차다. 그런데 그때 기사님께서 놀라운 이야기를 하셨다. 내 차 모델이 현대자동차 사이트에 엔진 결함 모델로 정식 등록된 차량이라서 문제가 발생한 차량에 한하여 기한과 상관없이 350만원 상당의 엔진을 무료로 교체해 준다는 것이다. 얼마나 감격스러웠는지 모른다. 분명히 10년이나 되었기에 무상으로는 절대로 엔진을 교체할 수 없는 차인데, 그런 오래된 차임에도 불구하고 엔진을 교체하니 얼마나 행복하던지.

시동을 걸었을 때 운전자로서 느꼈다. 겉은 여전히 초라하지만 엔진을 바꾼 순간 새 차가 되었다는 것을 말이다. 차의 심장이 바뀐 것이다. 이 일을 경험하면서 한 가지 깨달음을 얻었다.

'그래. 엔진만 바꾸었을 뿐인데도 새 차가 되는데, 하물며 나를 교역자 혹은 교사로 부르신 하나님께서 내게 영적 엔진을 장착시켜 주신다면 나는 새 사람으로 거듭날 수 있겠구나!'

그때부터 기도하기 시작했다. "하나님, 영혼을 돌보는 사역을 의무로 하지 않겠습니다. 주님의 심장을 가지고, 예수님의 마음으로 영혼을 돌아보는 사역자가 되겠습니다."

그럼에도 우리는 연약하다. 결단해도 다시 넘어질 때가 많은 게 인생이다. 교역자는 각자의 사역이 많기 때문에 심방을 이어가기 힘들다. 교사는 가정과 일터가 있기에, 학생들을 개인적으로 찾아가는 심방이 어려울 때가 많다. 또는 내 의지 자체가 연약해져서 나태해질 수도 있다. 그러므로 연약한 우리에게는 안전장치가 필요하다. 운전을 할 때에는 안전벨트를 매야 하듯이 말이다. 심방에도 안전장치가 필요하다.

내가 SNS에 심방 사진을 올리는 이유

우리는 날마다 열정적으로 심방을 할 수는 없다. 나는 2020년 3월부터 2025년 2월 현재까지 5년이 되도록 하루도 빠짐없이 다음 세대를 심방하고 있다. 지금까지 수십 번은 넘게 이 사역을 중단하고 싶었다. 심방을 해도 결실이 보이지 않을 때, 몸이 힘들 때, 그럴 때마다 얼마나 그만하고 싶었는지 모른다. 그럼에도 이 열정이 하나의 일시적인 콘텐츠로 끝나지 않고 꾸준하게 유지될 수 있었던 것은 심방의 안전장치가 있었기 때문이다.

심방의 안전장치 중 하나는 SNS다. 나는 인스타그램과 페이스북을 한다. 나의 닉네임은 '365일 심방하는 목사'다. 당시 사역을 응원해 주시던 청소년 사역자 분들이 이런 조언을 해 주셨다. "365일 심방하는 목사라는 타이틀은 많이 길어요. 확실하게 세종 목사를 기억할 수 있도록 간결하고 짧은 단어로 표현하면 어떨까요?" 생각해 주시는 목사님들의 조언과 마음에 감사했지만 '365일 심방하는 목사'라는 타이틀을 그대로 사용했다. 이유는 하나다. 이 타이틀이 곧 하나님께 약속하고 결단한 나 자신을 돌아보게 해 주기 때문이다. 이것이 내가 다음 세대 영혼을 매일 찾아간다는 목표가 말뿐인 사람이 되고 있는지, 아니면 잘 실천하고 있는지를 점검하는 1차 안전장치가 되었다.

나는 365일 심방하는 사역을 모두 SNS에 그대로 업로드한다. 계획과 프로젝트, 개인적으로 찾아간 사역 등을 투명하게 공유한다.

먼저, SNS에 글을 올릴 때 심방 후기를 남겼다. 예를 들어 "오늘은 고1 학생 OO을 심방했습니다." "오늘 밤 11시, 고3 학생을 독서실 밑에 있는 카페에서 만났습니다."라는 방식으로 말이다.

그러나 여기서 발생하는 문제도 있다. 대부분의 사람들은 심방 사진을 업로드 하는 것을 응원하고 격려해 주지만, 어떤 분들 중에는 다음과 같이 생각하는 경우가 있기 때문이다. '왜 굳이 이세종 목사는 학생들을 만난 것을 다 SNS에 올리는 거야? 조용히 자신의 사역을 감당하면 되지, 왜 자신의 사역을 드러내려 하는 거야?'

그런 피드백을 해 주시는 분들에게 나는 이렇게 답변을 드린다.

"한 학생을 만난 심방 사진을 SNS에 올릴 때, 저를 팔로우하신 분들만 그 사진을 볼까요? 아니면 고등부 학생들과 학부모님들도 그 사진을 볼까요? 당연히 고등부 학생들과 학부모님들도 그 사진을 봅니다. SNS를 하지 않는 학부모님들은 SNS를 하는 학부모님들을 통해 다른 자녀를 찾아간 이세종 목사의 이야기와 소문을 듣게 될 것입니다. 그럼 그때 저를 아직 만나지 못한 학생들과 학부모님들은 이런 생각을 할 것입니다. '뭐야, 목사님은 왜 나는 만나지 않고, 저 학생만 심방하지? 곧 연락이 오겠지?' '왜 목사님은 우리 자녀는 안 만나 주시지?' 이러한 생각들이 저에게 안전장치가 된다는 것입니다. 제가 한 학생을 만나 사진을 올리는 것은 아직 만나지 못한 아이들에게 '목사님이 이 친구를 만났듯이 너에게도 달려갈게.'라는 무언의 약속을 남기는 안전장치입니다."

이 답변을 들은 모든 분은 감사하게도 나의 사역을 마음 다해 응원해 주셨다. 365일 심방하는 목사라는 타이틀을 내걸고 살아가지만, 심방이 항상 즐거운 것은 아니다. 의지가 약해질 때가 얼마나 많은지 모른다. 그럴 때마다 내가 얼마나 연약한 존재인가를 느낀다. 하지만 인스타그램 피드에 남는 글을 올릴 때, 나태해질 수 없다. 부서 전체 중 95퍼센트를 돌아보았을지라도, 나머지 5퍼센트 영혼을 돌아보지 않았다면 더 큰 영적 부담감을 가지게 되기에 마지막 한 영혼도 놓치지 않게 된다.

거룩한 부담감을 만들라

두 번째 안전장치는 심방할 대상에게 '공개적인 약속'을 하는 것이다. 예를 들면 "새학기를 시작하기 전, 1월부터 2월 중으로 고등부 학생들을 다 찾아가 심방하겠습니다." "학부모님들께 기도 제목을 물어보고 파악하는 전화 심방 기간을 갖겠습니다."처럼 SNS를 통해 다음 세대를 돌아볼 것을 미리 약속하고 선언하는 것이다.

한 부서만이 아니라 여러 사역을 동시에 맡는 목회자의 삶을 볼 때 많은 변수가 있다. 그런데 학생과 학부모님께 지정된 기간 안에 찾아가겠다고 말하면 어떻게든 그 시간을 지키고자 하는 의지가 사라지지 않는다.

교사 혹은 교역자 독자분들이 오해하지 않았으면 하는 것이 있다. 위의 안전장치의 예시는 모두가 SNS를 해야 한다고 권면하는 것이 아니라는 점이다. 어떤 분은 심방 스케줄을 노트에 메모하는 것이 자기만의 안전장치가 될 수 있다. 아니면 부서마다 교사 단체 카톡방에 교사들이 각 반 학생들과 아웃팅을 하거나 심방한 결과를 올리게 하여 서로 선한 영향력을 끼치고 동기 부여를 해 주는 문화를 만드는 것도 안전장치가 될 수 있다.

교역자인 경우, 담임 목사님이 이런 요청을 하는 경우가 있을 것이다. "한 주간 적어도 두 명 이상의 다음 세대를 심방하거나 다섯 명 이상에게 전화 심방을 돌리면 좋겠습니다." 이처럼 기준을 주는 것이다. 매주 사역 보고서를 작성하고 제출하는 교회들이 많을 텐데, 이를 통해 거룩한 부담감으로 다음 세대를 심방하는 것도 각자의 안전장치가 될 수 있을 것이다.

아직 부족하다는 마음으로

내가 했다는 착각

학생들 전체를 놓쳐서는 안 됨을 깨달은 계기가 있다. 4년 전의 일이다. 365일 심방하는 목사로 살아간 지 채 4개월이 되지 않았던 초기, 2020년 7월, 울산 극동방송 '크리스천 리더스 바이블'이라는 코너에서 섭외 연락이 왔다. 이 코너는 어떤 한 분야에서 열심히 사역하는 목회자를 불러 그의 이야기를 듣는 코너였다. 그곳의 피디님이 나의 심방 사역을 보고 섭외 연락을 주신 것이었다.

나는 코로나가 한창이던 2020년 3월부터 6월까지 4개월간 '드라이브 스루 심방'이라고 해서 차에 이디야와 투썸플레이스에서 파는 디저트를 가득 실어 학생들의 집 앞에 전달하는 심방을 진행했다. 연락을 받았을 당시, 나는 고등부 140명 중 대부분의 아이들의 집 앞을 다녀온 뒤였다.

만남이 어려운 상황에서도 매일 찾아가는 심방을 진행하니 코로나 시기에도 청소년부가 영적으로 깨어나고 있었다. 청소년 사역을 시작할 때는 답답하기도 했고 사역의 한계에 부딪힐 때도 많았다. 하지만 심방을 통해 학생들의 마음이 열리는 것을 보니 참 행복했다. 그런 시기에 열심히 심방을 한다는 소식이 극동방송에 전달되어 나를 섭외해 주신 것이었다. 그때 솔직한 마음은 뿌듯함이었다. 그리고 그 순간 교만이 찾아왔다. '그래 내가 이 정도 열심히 했으면, 많이 한 것이 맞지. 내가 부지런히 하니까 고등부가 잘 되는 거야.'라는 착각의 늪에 빠지게 되었다.

충분하다는 착각

방송국에 도착해서 녹화를 하는데 피디님이 한 가지 질문을 하셨다. "목사님, 정말 청소년 140명의 학생들을 다 찾아가신 건가요?" 나는 "네 그렇습니다. 저는 코로나 시기에 3개월 동안 140명의 학생들 집 앞을 다 찾아가서 선물을 전달했습니다."라고 답했다.

그렇게 방송 녹화를 마치고 집에 돌아왔다. 방송은 그 주 금요일에 송출되었다. 그리고 하루가 지난 토요일이었다. 교회에 출근하자, 선배 목사님들이 심각한 표정으로 나를 부르셨다.

그리고 이렇게 말씀하셨다. "세종 목사, 어제 극동방송을 듣고 한 학부모님에게서 항의 전화가 왔어. 세종 목사가 당신 자녀를 심방하지 않았으면서 모두 심방했다고 말해서 시험에 드신 것 같아."

그 순간 머릿속에 한 가지 사실이 스쳐 지나갔다. 2020년 3월부터 6월까지 학생 140명을 심방했다고 말했지만, 정확히 말하면 두 명을 제외한 138명을 심방한 것이었다.

만나지 못한 두 명 중 한 명은 교회를 다니고 싶지 않아서 교역자의 연락처를 차단한 학생이었고, 나머지 한 명은 아무리 연락해도 답이 없던 친구였다. 그래서 결국 만나지 못했다. 그런데 극동방송에서 140명을 다 만났느냐고 묻는 피디님의 질문을 들었을 때, 나는 두 명을 제외한 138명을 만났다고 답하지 않았다. '이 정도면 다 만난 것이 맞지!'라는 생각으로, 스스로 판단해 다 만났다고 대답한 것이었다. 그리고 방송이 송출되었을 때, 140명의 학부모님 중 학생과 연락이 닿지 않아 유일하게 심방하지 못한 그 학생의 어머니가 내 방송을 들은 것이었다.

나는 곧바로 학생의 어머니인 집사님께 연락을 드렸다. "집사님, 죄송합니다. 제가 다 심방하지 못했는데, 모두를 만났다고 말한 것은 저의 잘못입니다. 앞으로 다시는 그런 일 없도록 더 신중하게 행동하겠습니다."

감사하게도 집사님은 부족함 많은 교역자를 이해해 주셨다. "아닙니다, 목사님. 목사님 연락을 받고나니 이해가 됩니다. 아들이 교회를 계속 피하는데…. 참 마음이 아프네요. 우리 아들 잘 부탁드립니다."

그 말을 듣고 나는 큰 깨달음을 얻었다. "심방의 열매를 맺고, 사람들이 내 심방 사역을 알아 줄수록 내가 교만해서는 안 되었는데 이 사역을 내 힘으로 했다고 착각했구나. '이 정도면 심방을 다 한 것이지!'라는 그릇된 생각을 했구나."

그리고 이렇게 결단과 회개의 기도를 드렸다. "하나님 죄송합니다. 앞으로는 '이 정도면 많이 했지!'가 아니라 하나님의 마음으로 끝까지 영혼을 놓치지 않고 돌보는 사역자가 되겠습니다!"

우리는 '이 정도면 다음 세대 영혼을 다 돌아본 것이나 마찬가지지.'라는 생각보다 '아직도 내가 놓친 영혼은 없을까?'라는 마음으로 언제나 신중하고 더 신중해야 한다. 그렇게 한 영혼도 마음을 다치거나 소외감을 느끼는 일이 없도록 세밀히 살펴야 한다.

3

예상치 못한 연락이 감동을 줄 수 있다

내 고백을 받아 줄래?

프러포즈를 하는 연인을 생각해 보자. 남자가 사랑하는 여자에게 프러포즈를 할 때 빠지지 않는 선물에는 무엇이 있을까? 그중 하나는 아름다운 꽃이다. '꽃을 선물하는 것은 결과가 아니라 과정이 선물이다.'라는 말이 있다. 이 말은 무슨 뜻일까?

남자가 사랑하는 여자에게 꽃으로 고백하기 위해 부끄러움을 감수하고 플로리스트들이 일하는 꽃 매장을 찾아가는 것, 꽃말을 생각하며 여자 친구가 좋아할 꽃을 고르고 준비하는 것, 어떤 시간에 어떤 분위기 속에서 꽃을 전달해서 놀라게 해 줄지 고민하며 전달하는 것…. 이 모든 과정 자체가 선물이라는 것이다. 단지 꽃이라는 결과만 선물이 아니라 그 꽃을 고르는 과정이 상대방에게 감동을 준다.

네 생각이 나서

이와 같은 정성을 다음 세대에게 쏟아 보자. 예상치 못한 프러포즈가 사랑하는 연인에게 감동을 주는 것처럼 예상치 못한 연락도 상대방에게 감동을 줄 수 있다. 이것을 기억해서 주님의 사랑을 다음 세대에게 전달하는 것이다. 이 방법은 모든 부서에 유용하며, 특히 학부모님을 심방할 때 활용할 수 있는 영적 스킬이다.

우리는 보통 예상이 가능한 방식으로 심방한다. 대부분의 선생님들은 반 아이들을 심방할 때 단체 카톡방을 활용해서 토요일에 연락을 할 것이다. 물론 토요일에 하는 연락은 반드시 놓치지 말고 해야 하는 중요한 연락이다. 그런데 우리는 여기서 한 걸음 더 나아가야 한다. 토요일이 아닌 다른 날, 예상치 못한 연락을 시도하는 것이다. 예를 들어 지난 6개월 동안 매주 토요일에만 연락을 했다면, 이제는 주일 저녁이나 월요일, 또는 전혀 뜬금없는 화요일에 연락을 해 보는 것이다. 그럼 학생이 물을 것이다.

"선생님, 왜 전화하셨어요?"

그럼 교사와 교역자는 "그냥 연락했어."라고 솔직하게 말하면 된다. 예상치 못한 날에 "그냥 연락했어."라는 말 한마디는 다음 세대에게 큰 감동을 가져다 준다.

한 예로 내가 수시 원서 접수 기간에 심방했던 경험을 소개하려 한다. 보통 9월 중순은 고3 수시 원서 접수 기간이다. 지난해, 나는 수시 원서 준비로 분주한 고3 학부모님에게 전화 심방을 하려던 중, 문득 이런 생각이 들었다. '왜 내가 고3 학생 부모님만 심방하지? 2학기를 맞이한 고1, 고2 학생 부모님도 자녀에 대한 저마다의 고민이 있을 텐데.' 그래서 바로 고3 학부모님만이 아니라 고1, 고2 학부모님께도 전화를 돌리기 시작했다. 그리고 자녀들의 기도 제목을 하나하나 메모해 두었다. 그렇게 하루 3시간씩 8일간 24시간 심방한 끝에 100명의 학부모님과 통화를 할 수 있었다.

그런데, 여기서 중요한 것은 고3 학부모님도 자녀를 생각해 주는 마음에 고마워했지만 고1, 고2 학부모님이 더 큰 감동을 받았다는 것이다. 왜일까? 고3 학부모님은 원서 접수 기간이기에 교역자가 연락할 것을 짐작하고 있었지만, 고1, 고2 학부모님은 전혀 예상하지 못한 때에 교역자의 연락을 받았기 때문에 더욱 기뻐했던 것이다.

학생들도 마찬가지다. 선생님과 교역자로부터 토요일에 연락이 오면 학생들은 연락한 어른들의 목적을 안다. 그 목적은 무엇이겠는가?

"내일 교회 나오라고 연락하셨구나."

우리는 여기서 한 걸음 더 나아가 다음과 같이 예상치 못한 방법으로 연락할 수 있다. "그냥 생각나서 전화했어. 시험 기간 언제부터야? 밥은 챙겨 먹고 다니니? 기도할게. 힘내." "목사님이 지금 시내에 가는데 네 생각이 나서 연락했어. 지난번에 우리 여기에서 밥 먹으면서 대화 나눴잖아. 그때 말했던 어려운 일, 지금은 잘 해결됐나 궁금해서." 등 다양한 접근이 가능하다.

우리는 특별한 무엇인가를 해야만 상대방에게 감동을 줄 수 있다고 생각한다. 하지만 그렇지 않다. 아이들은 예상치 못한 순간에 자신을 생각해 주는 교사와 교역자에게 마음의 문을 열게 되어 있다.

4

너에게 봄을 선물한다

우리는 누구에게나 소중한 추억이 있다. 아무리 어린 나이였더라도 마치 어제의 일처럼 생생하게 떠오르는 기억이 있다. 반면, 머릿속에 떠오르지 않다가도 어느 거리를 지나거나, 특정한 장소를 볼 때 문득 생각나는 추억이 있다.

나는 학생들을 심방할 때, 기간을 두지 않고 매일 찾아간다. 그런데 때로는 일상적으로, 특별한 이벤트 없이 찾아가는 심방도 중요하지만 추억을 선물할 수 있는 기회를 지혜롭게 활용하고 붙잡는 심방 또한 중요하다. 지금부터는 특별한 기간을 심방의 통로이자 도구로 활용했던 예시를 소개하려 한다.

시험 기간 : 스터디위드미

고등부 학생들은 학교마다 중간고사, 기말고사 기간이 다르다. 각자 시험 일정이 다르고, 학원 스케줄도 다르다. 나는 '어떻게 이 친구들을 한 자리에 모아 공부할 수 있을까?'를 생각해 보았다.

그때 떠오른 것이 '스터디위드미'였다. 교역자인 내가 학생들과 함께 공부하면 어떨까 하는 아이디어였다. '스터디위드미'란, 유튜브나 줌, 기타 앱을 통해 비대면(랜선)으로 각자의 자리에서 함께 공부하는 방법이다. 하나의 영상을 함께 보면서 공부하거나 실시간 라이브로 누군가가 실제로 공부하는 모습을 보거나 본인이 공부하는 모습을 공유하며 함께 공부하는 것이다.

당시 나는 역사 신학 석사 과정을 공부하고 있었기에 중간 시험과 기말 시험을 준비해야 했다. 이것을 활용해서 학생들에게 전체 연락을 돌렸다. "고등부 친구들, 이번주 금요일 밤 10시부터 12시까지 줌으로 함께 공부할 친구들은 목사님에게 인스타 DM이나 문자로 신청해 주세요." 이렇게 공지하면 평균 적으면 다섯 명, 많으면 열두 명에게 신청이 들어왔다.

스터디위드미의 장점은 기존 심방과 별도로 보완적인 심방이 가능하다는 점이고, 학생들을 만나기 가장 어려운 시기인 시험 기간에도 학생들과 함께할 수 있다는 점이다.

교역자가 매일 공부한다고 가정할 때, 학생들은 매일이 아니더라도 희망하는 요일에만 들어오면 된다. 방법은 간단하다. 다 같이 모이면 각자 책을 펼치고 공부를 시작한다. 거기서 다른 대화는 오가지 않는다. 단지 침묵 속에 각자가 자리에 앉아서 공부하는 모습을 친구들에게 보여 주는 것, 이것이 서로에게 도전을 주고 집중력을 향상시키는 효과를 낸다.

스터디위드미를 통해 매일 찾아가는 심방과 별도로 시험 기간에 학생들과 독서실에 같이 있지 않아도 함께 공부하는 시간을 가질 수 있었다. 그렇다면 스터디위드미가 단순히 침묵 속에서 공부하는 것으로 끝날까? 그렇지 않다. 이 시간을 더 챙겨 주는 심방으로 확장할 수도 있다. 지혜롭게 접근하는 것이 중요하다.

예를 들어, 학생들의 공부를 방해하지 않는 선에서 어떤 과목을 공부하는지 물어볼 수 있다. 함께 참여하거나 며칠 이상 참석한 친구들에게 기프티콘을 보내 주며 격려할 수도 있다. 또 공부를 시작하기 직전에 담당 교역자나 교사가 작은 목소리로 대표 기도를 하고 시작할 수 있다. 교역자는 시작하기에 앞서서 참여한 학생들에게 본인이 어떤 과목 시험을 앞두고 있으며, 시험 관련하여 기도 제목을 간단하게 올리라고 하면 그날에 맞는 학생들의 기도 제목을 받을 수도 있다.

스터디위드미는 교역자만 운영하는 것이 아니다. 줌 아이디는 무료 계정인 경우 40분이지만, 요금제에 가입한 경우 시간 제한 없이 사용할 수 있다. 이를 부서 계정으로 하나 만들어서 교역자와 교사들이 돌아가면서 운영하면 효율적으로 공부하며 심방하는 문화를 확산시킬 수 있다. 또 함께 공부하는 모습을 학생들에게 동의를 구한 후 전체 캡쳐를 하면 그것도 하나의 심방 콘텐츠가 될 수 있다.

학생들이 시험 기간이라서 만나 주지 않고, 시간이 없다고 생각하는가? 오히려 그런 때에는 이런 방법을 활용해서 학생들에게 접근한다면 보완적인 심방이 가능할 것이다.

추가로 스터디위드미를 학생들을 위한 상담 코너로 확장하는 것도 좋은 방법이다. 학생들이 꿈꾸는 비전을 종합한 뒤, 그에 맞는 직업군에서 일터 사역자로 귀하게 쓰임받는 성도님들을 강사로 초청할 수 있다.

당시 우리 고등부에는 법조인을 꿈꾸는 학생과 카페와 베이커리를 운영하길 원하는 학생이 있었는데 나는 이들에게 도전을 줄 수 있는 선생님을 섭외했다. 예를 들면, 한 석유 공사 기업에서 해외 개발 사업 외국팀 담당 변호사였던 고등부 부장 선생님을 특별 게스트로 초대해 Q&A 시간을 가졌다. 또 울산에서 청년 기업으로 시작하여 울산 특산물과 차를 판매하는 그리스도인 청년 CEO를 섭외하여 학생들에게 실제적인 도전을 줄 수 있는 '멘토와의 만남' 프로젝트를 접목한 날도 있었는데, 학생들의 반응이 좋았다.

계절에 맞는 '핫 플레이스' 찾아가기

이어서, '계절에 맞는 명소를 찾아가는 것'에 대해 이야기해 보자. 나는 봄에는 벚꽃 축제, 겨울에는 크리스마스 축제를 활용했다. 학생들에게 추억을 만들어 줄 수 있는 가장 좋은 방법은 계절에 맞는 주요 행사에 공동체원들과 함께 가는 것이다.

코로나로 벚꽃 축제도 갈 수 없었던 시기가 있었다. 그때 우리는 마음 편하게 외출할 수 없고, 어디도 편하게 나갈 수 없었다. 그런 고등부 학생들의 현 상황을 생각해 보니, 나는 학생들이 집 안에 갇혀서 봄을 그냥 지나쳐야 한다는 것이 안타까웠다. 그래서 학생들의 마음을 위로하고 그들에게 봄을 전하고자 특별한 심방을 진행했다. 바로, 봄을 상징하는 꽃과 손 편지를 전달하는 심방이었다. 꽃을 볼 때마다 고등부를 생각할 수 있도록 말이다!

나는 화훼 단지에 가서 퀸로즈 꽃 화분을 구입하고, 인터넷에서 편지지를 구매했다. 그리고 손 편지를 써서 화분과 함께 전달했다. 화분에 꽃 이름을 지을 수 있도록 시트지 이름표도 봉투에 넣었다. 꽃을 피운 친구에게는 인증 사진을 보내면 소정의 선물을 주는 이벤트를 함께함으로써 마음을 전하는 심방을 진행했다.

다음으로 '시대의 유행을 지혜롭게 활용하는 것'이다. 학창 시절을 추억해 보자. 우리의 학창 시절, 매점에서 사 먹던 추억의 '포켓몬빵'이 2022년에 다시 출시 되었다. 이 빵은 포장지에 포켓몬스터 캐릭터가 그려져 있고, 빵과 함께 떼었다 붙였다 할 수 있는 스티커인 띠부띠부씰이 들어 있는 것이 특징이다.

포켓몬빵은 재출시된 직후부터 엄청난 인기를 보이며 판매하는 곳마다 매진을 기록했다. 이러한 상황이 계속되자 개점과 동시에 입장하는 현상인 '오픈런'이 백화점 뿐 아니라 대형마트와 편의점에서도 나타났다. 상상 이상의 포켓몬빵 열풍이 신기해서 왜 이렇게 인기가 많은지 이유를 찾아보았다. 그 이유는 '추억 소환'과 띠부띠부씰을 모으는 즐거움과 경쟁심 때문이었다.

이것을 심방에 도입해 보았다. 포켓몬빵은 1999년에서 2001년 첫 대란을 일으켰다. 그때 내 나이는 초등학교 6학년이었다. 나는 캐릭터 스티커를 모았던 기억이 25년이 지난 지금도 선명하다. 그 순간 이런 생각이 들었다. "그래, 22년 만에 찾아온 포켓몬빵 대란이 언제 다시 올지 모른다. 이 기회를 활용해 학생들을 심방할 때, 포켓몬빵을 선물해 주어서 기억에 남게 하자!"

2022년, 포켓몬빵 대란으로 인해 한 개에 1,500원 하던 것이 당근마켓에서 최대 3,500원에 팔리던 시기가 있었다. 당시 사람들은 포켓몬빵 종류에 상관없이 하나만이라도 구하고 싶다는 간절한 바람이 있었다.

나는 포켓몬빵 한 개에 최대 3,500원씩 하던 그 시점에, 오히려 최대 금액으로 포켓몬 빵을 구한다는 글을 당근마켓에 올려 보았다. 그때 예상치 못한 반응이 쏟아졌다. 다른 사람들은 구하고 싶어도 구할 수 없는 빵을 수많은 판매자들이 사 달라고 연락해 오는 것이다. 처음에는 심방할 때마다 학생들에게 일대일로 전달했지만, 점차 이 선물을 확대해 나갔다.

2022년 5월, 코로나가 점차 줄어들어 전체 모임이 가능해졌을 때, 울산교회 고등부는 '레트로 달란트 잔치'라는 타이틀로 시내 중심에 있는 카페를 대관하여 친구 초청 행사를 가졌다. 이 행사는 토요일과 주일 이틀 동안 각기 다른 컨셉으로 진행되었다.

토요일에는 학생들이 카페의 1, 2층을 돌아다니며 레트로 게임을 진행했다. 게임을 통해 쿠폰을 받은 학생들은 이를 다음 날 주일에 사용할 수 있는 달란트로 교환할 수 있었다. 그리고 토요일에 참여한 모든 학생들에게는 인생네컷 이용권을 주었다. 다음 날인 주일에는 주제처럼 달란트 잔치를 했다. 이때 잔치에는 선물만 있는 것이 아니었다. 선생님들이 음식을 만들어 다양한 간식을 제공하는 행사로 진행했다.

나는 그때 이번 행사에 차별화를 주어야겠다는 생각을 했다. 그것이 바로 포켓몬빵을 달란트 잔치에 준비한 것이다. 주변의 교회들을 보니 포켓몬빵을 구하기 힘들어 10개에서 20개 정도를 준비해서 행사 당일에 오면 추첨을 통해 제공하고 있었다. 그런데 이런 생각이 스쳐 지나갔다. '우리 고등부는 추첨으로 주지 말고, 참여한 모두에게 다 주면 어떨까?'라는 생각이었다(해당 포켓몬빵은 교회에 청구한 것이 아니라, 사비로 구입했기에 이런 결정에 대해 어느 누구도 반대할 수 없었다.).

이전처럼 당근마켓에 포켓몬 빵을 최고 단가로 구매하겠다는 글을 올렸다. 그리고 몇 개도 아니고 총 100개를 할인 요청 없이 다 사겠다는 글을 올리자, 역시나 또 여러 판매자로부터 연락이 왔다. 그중 가장 좋은 조건을 말한 판매자에게 빵을 사겠다고 말씀 드렸는데, 언제 빵을 거래했는지 아는가?

오래 보관이 가능한 빵도 있지만, 크림이 들어 있는 빵은 하루 이틀 안에 먹어야 하기 때문에 행사 날짜에 맞추어 거래해야 했다. 다행히 첫째 날 행사를 마치는 토요일 밤에 판매를 하겠다고 해서 판매자와 약속을 잡았다. 그리고 본 행사를 홍보할 때, 고등부 학생들에게 전도지를 나눠 주며 두 주 전부터 광고하고 권면했다. "이번 레트로 달란트 잔치에 참여하는 모든 고등부 학생에게 포켓몬빵을 나눠 줄게요."

총 100개 이상을 구해서 그날 행사에 참여한 고등부 학생들 모두에게 주었다. 전도한 친구와 새 친구에게만 준 것이 아니다. 행사에 참여한 고등부 전원에게 나누어 주었다. 그날 학생들이 얼마나 행복해 했는지 모른다.

그러나 주위에서 반대하고 우려의 목소리를 낸 분들도 있었다. "목사님이 학생들을 생각하는 마음은 알겠지만, 요즘 유행을 따라하는 것이 과연 옳은가요?" 혹은 "이제 몇 달만 지나도 포켓몬빵 대란 사태와 유행이 끝날 텐데, 굳이 그런 비싼 돈을 들이면서까지 학생에게 빵 하나를 주는 것이 옳은 결정일까요?"라는 걱정이었다.

나는 질문하시는 분들에게 이렇게 답변 드렸다. "제가 학생들에게 정가보다 비싼 금액을 주면서까지 선물하는 이유가 있습니다. 추억을 선물하기 위해서입니다. 저는 포켓몬빵 2차 대란이 찾아온 이때에 23년 전인 저의 초등학교 6학년 때 추억이 바로 어제 일처럼 생생하게 떠올랐습니다. 친구들과 학교를 마치면 마트에 가서 빵 뒤에 어떤 포켓몬 카드가 있는지 확인해 보고 사서 먹고 모았던 어릴 적의 추억이 말입니다. 이번 기회를 놓치면 언제 또 이런 유행이 돌아올지 모릅니다. 저는 이 기회를 활용해서 울산교회 고등부 학생들에게 선물을 주는 것입니다. 그럼 이 선물을 받은 학생들은 오랜 시간이 지나도 이때의 추억을 떠올릴 수 있을 것이라 확신합니다. 저는 주님의 사랑을 전할 수 있는 기회이기에 이 유행을 활용한 것입니다."

그러자 질문을 하셨던 분들이 내게 학생들을 위해 사용해 달라고 카페 기프티콘을 보내 주셨다. 그 모습을 보며 큰 감동을 받았다.

비신자 초대하기: 팝업 스토어, 명절 선물

팝업 스토어

고등부에 팝업 스토어를 열었다. 팝업 스토어는 옛날로 말하면 바자회로 짧은 기간 운영되는 오프라인 소매점을 뜻한다. 짧게 운영하기 때문에, 특정 장소를 임대하여 임시 매장을 운영하는 형태다. 쉽게 설명하면 단기 한정 판매 전문 매장이라고 할 수 있겠다.

예를 들어 영화 중 해리포터 팝업 스토어란 것이 있고, 그 외에도 특정 브랜드의 팝업 스토어가 있다. 플리 마켓형 팝업 스토어 등 종류는 다양하다. 그런데 이런 문화가 서울을 제외하고는 부산만 해도 많지 않고, 울산에서는 더욱 찾아보기 힘든 것을 보면서 나는 이런 문화를 울산교회 고등부에 접목해 보고 싶었다.

우리 고등부가 여는 팝업 스토어는 카카오톡 기프티콘을 현장 상품화해서 진열하는 것이었고, 동시에 산리오 대형 인형을 학생들에게 선물하는 것이었다. 팝업 스토어를 열 때 옛날 감성이 돋도록 선생님들이 떡볶이와 팥빙수를 직접 만들어서 아이들에게 전달했다. 그럼 선물은 어떻게 구했을까? 교회가 예산이 많아서 선물을 넉넉하게 준비했을까? 그렇지 않다. 나는 어떻게 하면 선물을 돈 들이지 않고 구하고, 재정을 아끼면서도 모두가 즐거운 행사를 만들 수 있을지 고민했다. 그때 떠오른 것이 카카오톡 기프티콘이었다.

카카오톡 선물함을 열어 보면 아마도 이전에 생일이나 다른 기념일에 지인들로부터 받은 기프티콘이 있을 것이다. 나는 학생들과 학부모님들에게 이렇게 사용하지 않아서 보관 중인 기프티콘 하나를 다른 이를 위해서 바코드 번호 및 사진으로 기증해 달라고 부탁드렸다. 그러자 학생들과 학부모님들 모두가 동참하기 시작했다. 쿠폰 사진을 받으면 이것을 다시 학생들에게 모바일로 전달하는 것이 아니라, 받은 쿠폰을 사진으로 출력해서 폼보드에 부착하여 현장 상품으로 바꾸었다.

그 덕분에 당시 400개가 넘는 모바일 쿠폰을 기증받아서 기존 학생들과 새 친구들에게 3개씩 나눠 주고도 남는 풍성한 친구 초청 행사를 할 수 있었다.

명절 선물

고등부에는 불신자 가정에서 나오는 학생들이 있다. 물론 학생들은 초등학생, 중학생과는 달리 더 성장해서 본인의 선택에 따라 움직일 나이이기도 하지만, 아직 미성년자 학생이다. 나는 불신자 가정임에도 학업이 바쁜 고등학생 자녀들이 예배에 나갈 수 있도록 허락해 주시는 학부모님들께 감사했다. 그래서 학부모님들에게 감사의 마음을 표현하고 싶었다. 그러나 그분들을 만나거나 전화를 한다면 분명히 부담을 느낄 것이기에 다른 방법을 찾기 시작했다.

기도 중에 명절 기간을 활용하기로 했다. 구정이 되고 추석이 될 때, 명절 선물을 챙겨 드리기로 한 것이다.

대형 마트를 갔다. 명절을 앞두고 정말 많은 사람들이 대형 마트에 모여들었다. 거기서 학부모님이 좋아하실 만한 선물을 구입하였고, 불신자 가정에서 나오는 학생들에게 찾아가서 집 앞에 내려오게 하고 선물을 전달했다. 이것은 단순히 감사를 표현하는 선물이 아니었다. 복음의 도구가 되었으면 하는 바람이 담긴 선물이었다. 그리스도의 사랑을 나누는 것이었다.

앞서 소개한 '너에게 봄을 선물한다' 심방 방법들의 공통점은 시기를 잘 활용하는 것이다. 청소년들은 시험 기간이 특별한 날이 되겠고, 어린이들에게는 어린이날이 될 것이다. 밸런타인데이나 화이트데이, **빼빼로데이**를 활용해도 좋다.

매년 변화가 이루어지는 시즌 마케팅을 심방에 접목하면서 느끼는 것은 학생들이 어떻게 반응할지에 대한 기대였다. 학생들이 기뻐하는 것을 보는 것만큼 담당 교역자와 교사들에게 행복한 일이 있을까? 준비하는 과정이 길고 짧은 것과 상관없이 학생들에게 기쁨이 될 수 있다면 조금 더 생각하고, 학생들의 필요를 분석하는 접근을 해 보자!

5

소셜 미디어를 활용한 심방

왜 내 카톡은 보지 않을까?

학생들은 카카오톡을 공지 사항을 확인하는 용도로만 인식한다. 소통의 창구로 사용하지 않는 것이다. 대부분의 선생님들은 반 학생들에게 개인 카톡을 보내거나 각 반마다 단체 카톡방을 개설한다. 공지하고 파악하는 내용은 다음과 같다. "내일 고등부 예배 다 참석하지? 혹시 아프거나 부득이한 이유로 나오지 못하는 친구 있으면 선생님에게 알려 줘." "이번 주부터 학습, 세례, 입교 교육 신청을 받아. 해당되는 학생은 선생님에게 알려 주기." "내일 아웃팅 있는데, 다 참석하지?" 등 다양하다.

그러나 여러분이 카톡을 올리고 나서의 현실은 어떤가? 대부분 학생들의 무반응을 마주하게 될 것이다. 한두 명 대답을 잘하는 친구들을 제외하고는 읽고 답이 없는 것이 카카오톡으로 소통했을 때의 현실이다.

카톡은 확인하면 숫자 1이 사라지기 때문에 학생들은 차라리 어른들의 연락에 확인 자체를 안 하는 편을 택한다. 그래야 나중에 답하지 않아도 되기에 학생들은 귀찮은 것을 피하는 것이다.

그럼 어떻게 되는가? 선생님들은 각 반 학생에게 공지 사항과 그 주에 파악해야 할 내용이나 교회 행사를 분명히 전했음에도 불구하고 학생들로부터 "저 처음 듣는데요. 몰랐는데요."라는 답변을 듣게 되는 것이다.

청소년 사역을 시작하면서 내가 학생들에게 개인적으로 카카오톡을 활용하는 경우는 한 가지 경우인데, 그것은 바로 카카오톡 기프티콘을 전송하는 것이다. 선물이라면 학생들은 예외 없이 그 글을 읽게 된다.

학생들이 카카오톡을 활용하는 예는 선물 교환이다. 누구나 본인에게 가장 중요한 날은 생일일 것이다. 고등부를 담당했을 때에 고등부 학생들 중 어떤 학생들은 자신의 카카오톡 프로필 소개란에 자신의 계좌 번호를 적고 용돈을 보내 달라고 올리는 것을 본 적이 있다.

그럼 고등부 학생들은 쿠폰 선물을 받을 때, 그것을 어떻게 알릴까? 바로 인스타그램 스토리로 올린다. 각자 누구에게 선물을 받았는지를 캡처하고 고마운 마음을 표시하는 글을 올리는 것이다.

여기서 선생님들에게 한 가지 팁을 알려 드리고 싶다. 그것은 해당 학생의 생일 하루 전부터 인스타그램 스토리를 확인하다 보면 그 학생이 갖고 싶어 하는 쿠폰을 파악할 수 있다는 점이다. 나는 이를 활용해 큰 선물은 주지 못하더라도, 작은 선물이라도 챙겨 주었다.

많은 교회에서 한 달에 한 번 첫 주나 마지막 주에 생일을 맞이한 청소년들에게 선물을 주는 경우가 많을 것이다. 그렇게 해도 좋지만 생일을 맞이한 학생들 중 교회에 나오지 않는 장기 결석자나 불출자 학생들에게도 소정의 선물을 보내며 응원해 보라. 그러면 대부분 답이 올 것이다. 이렇게 한 번의 소통, 한 번의 대화의 물꼬를 트는 것이 중요하다.

SNS를 하면 학생들과 소통할 수 있을까?

이 질문에 답한다면 "어떤 경우에는 맞지만 어떤 경우에는 맞지 않다."이다. 이 시대 청소년들의 주된 관심사는 소통이 잘되는 친구다. 그런데 이들에게 부모와 담당 교역자와 교사들이 접근하면 (이미 오랜 소통으로 마음이 열린 경우를 제외하고) 학생들은 우선 경계한다. 부모는 잔소리를 한다고 생각하고, 담당 교역자는 주일에만 만나는 먼 관계라고 생각하며, 선생님들은 토요일마다 교회 나오라고 잔소리하는 어른으로 인식하기 때문이다.

인스타그램도 학생들이 자신과 대화가 통하는 사람과 친구를 맺지, 그렇지 않은 경우에는 쉽게 다가오지 못하도록 계정을 일부 공개로 전환해 놓는다. 나는 이런 학생들의 눈높이에 맞추기 위해 인스타그램을 시작했다. 처음 인스타그램을 시작했을 때, 나의 개인적인 바람은 '청소년들이 이런 노력을 보고 담당 교역자에게 바로 마음 문을 열어 주겠지!'였는데 현실은 냉혹했다.

대부분의 학생들이 반가워하지 않는 분위기였고, 팔로우를 해도 학생들이 나를 맞팔로우 해 주지 않았다. 그런데 한 가지 희망은 보였다. 그동안 카톡에 답이 없던 학생들이 DM(다이렉트 메시지)을 보내면 읽기는 하는 것이다. 물론 인스타그램에는 상대방의 글을 읽고 나서 읽지 않음 표시를 할 수 있게 되어 있다. 그래도 희망이 있는 것은 정말 특별한 경우가 아니고서는 내용을 대부분 확인한다는 점이다. 이렇게 기존 카톡보다 접근성이 좋다는 것이 인스타그램의 장점이다. 그러나 만약 SNS로 소통할 때, 활용 방법을 정확히 알지 못하거나 시대에 뒤처지는 모습을 보이는 어른이라면 학생들은 오히려 교사들의 SNS 접근을 부담스러워할지도 모른다.

먼저 짚고 넘어가야 할 것은 SNS를 시작한다면 페이스북과 쓰레드는 청소년들이 하지 않는다는 것이다. 현재 나는 페이스북 계정의 친구가 4,950명, 인스타그램은 10,800명이다. 학생들을 개인적으로 찾아가는 아날로그 방법을 선호하지만 나는 이 시대의 소셜 네트워크도 적극적으로 활용한다. 그래서 무엇이 오늘날을 살아가는 청소년들에게 다가갈 수 있는 접근 방법인지 확실히 말해 줄 수 있다.

먼저 페이스북은 청소년들이 하지 않는다. 그럼에도 내가 페이스북을 하는 이유는 40대에서 80대에 이르기까지 모든 중장년층 크리스천들과 소통하면서 내가 맡은 청소년과 어린이 부서, 청년 사역, 심방 사역의 은혜를 나누기 위함이고, 나 또한 내게 부족한 사역에 대한 사례를 보면서 도전을 받기 위함이다. 그런데 페이스북도 청소년 사역에 유익을 준다. 은혜를 나누는 과정에서 우리 청소년 부서에 도움을 주실 수 있는 분을 알게 될 뿐 아니라, 청소년 사역을 보완할 수 있는 팁과 다양한 콘텐츠를 배울 수 있기 때문이다. 나도 그렇게 좋은 부분을 교회에 접목해 보기도 하고, 수정하는 과정을 거치고 있다.

다음으로 인스타그램은, 학생 열 명이 있다면 여덟아홉 명은 인스타그램을 한다. 처음 SNS를 할 때에는 냉담한 반응을 보이거나 일부만 반겨 주는 정도였는데 이제는 고등부 학생들 120명 기준, 100명이 인스타그램을 한다면 100명 모두 맞팔로우가 되어 있다. 시대에 발맞춰 가는 교회를 보면 보통 교역자 및 교사의 개인 아이디가 있고,

교회의 공식적인 인스타 아이디가 따로 있다. 이것도 좋은 방법이 될 수 있다.

그런데 나는 내 이름으로 된 개인 공간을 온전히 심방 사역을 올리는 채널로 만들었다. 가끔씩 가족의 근황을 알리는 글을 제외하고는 기승전 다 심방에 대한 콘텐츠요, 학생들을 찾아간 은혜를 나누는 공간이 되었다.

이렇게 본격적으로 SNS를 시작한 것은 2020년 3월부터다. 나는 청소년들을 만나면 반드시 사진을 찍는다. 만약 부담스러워한다면 얼굴을 가리는 것은 괜찮다. 그리고 학생들에게 SNS에 글을 올리는 목적을 이렇게 설명해 주었다. "교회에 출근한 후 밖에 나와서 학생들을 만나는 것과 퇴근 후 학생들을 만나는 모든 과정과 결과를 SNS에 올려서 사역을 투명화하고, 교회의 담임 목사님들과 부교역자들과 학부모님께도 오픈된 심방을 진행하기 위해서야."

처음에는 SNS를 해도 학생들 사이에 반응이 없었다. 그런데 심방을 하루도 아니고 매일 진행한 결과, 선생님들 사이에 응원의 물결이 이어졌다. 심방을 받은 학생들은 고마움을 표현했고, 심방을 아직 받지 않은 학생들은 내게 이런 DM을 보냈다. "목사님, 저는요?" "우와, 목사님. 거기 핫한 맛집인데 왜 저는 데리고 가지 않으셨어요?" 이런 반응과 함께 하나님께서는 내게 지혜를 주셨다. 이 심방의 선순환을 활용해 보자는 아이디어였다. 그때부터 인스타그램 스토리 기능을 활용하기 시작했다.

인스타그램에는 글을 올리는 두 가지 창구가 있는데, 하나는 피드이고 다른 하나는 24시간만 글이 공유되는 스토리다. 학생들은 피드보다는 스토리를 활용한다. 피드는 글이 계속 남기 때문에 누가 들어와서 이 글을 볼지 모른다는 부담감이 있기 때문이다. 그래서 학생들은 24시간만 올라왔다 사라지는 스토리 기능을 더 선호한다.

스토리 기능의 장점은 내가 무언가 글을 올릴 때, 24시간 동안 누가 내 글을 읽었는지 확인할 수 있다는 것이다. 또 내가 만약 무엇을 신청하라는 글을 올리면 누군가가 내 글을 보고 신청한다는 답글을 보낼 수도 있다. 나는 이 점을 심방에 활용했다. 먼저 글을 올렸다. "드라이브스루 심방! 오늘부터 2주간 심방 신청하는 친구에게 묻지도 따지지도 않고, 카페 케익과 음료를 스터디 카페에 배달해 줄게. 선물만 받고 공부하러 올라가면 돼. 신청하세요." "지금 친구들과 시내에 나와 있는 사람? 먹고 싶은 음식이나 디저트 결제해 준다." "요즘 유행하는 영화 보러 갈 사람? 선착순 여덟 명. 신청 마감되면 마감되었다고 공지 예정!"

처음에는 신청자가 적었다. 그런데 담당 교역자로서 365일 학생들과 소통하며 친해지고, 일대일 심방에서 그룹 심방으로 이어지면서 서로가 친해지다 보니 학생들의 참여도가 폭발적으로 늘어났다.

옛날에는 제발 심방을 받아 달라고 애원했는데, 이제는 심방 신청을 받는 입장이 되었다. 스토리를 올리면 매일 다른 학생들이 평균 열 명이 넘게 신청했다. 그날 선착순에 들어오지 못해 만나지 못한 학생은 빠른 시일 내에 만날 수 있으니, 심방 신청 글은 당일만이 아니라 추후에도 소통할 수 있는 창구가 되었다.

열 번의 문자보다 한 번의 전화가 더 효과적이다

문자 심방

앞서 학생들이 카카오톡은 거의 확인하지 않는다고 말했다. 그것이 현실이다. 교역자와 선생님의 말을 잘 듣는 임원 학생들조차도 카톡은 잘 확인하지 않는다. 그래서 나는 연락 방법에도 변화를 주었다.

간혹 학생들마다 SNS를 하지 않는 경우가 있다. 특히 데이터를 꺼놓거나 가끔씩만 폰을 확인하는 학생들도 있다. 그런 학생들까지도 품기 위해 나는 일반 문자 메시지를 활용했다. 문자 메시지는 공부하기 위해 스마트폰이 아닌 일반 폰을 사용하는 아이들에게도 접근이 가능하다는 장점이 있다. 또 문자는 읽어도 아이폰끼리의 아이메시지가 아닌 이상은 읽음 확인이 안 되기에 학생들도 편하게 문자를 읽을 수 있다.

그 후 대부분의 심방은 인스타 스토리로 신청을 받지만, 동시에 문자도 보냈다. 그럼 학생들 입장에서는 목사님이 자신들과 소통하기 위해 심방 신청 글을 두 곳에 공유하는 것이 되는 것이다.

그런데, 문제가 있었다. 나는 청소년 사역을 하면서 일반 문자를 많이 보내다가 통신사별로 문자 제한 시스템이 있다는 것을 처음 알게 되었다. 당시 고등부가 재적 140명이었으니 140명에게 두 번 문자를 보내면 이런 안내메시지가 114로부터 왔다. "일 200건 이상 발송은 월 10회까지 가능합니다. 현재 10회 중 1회 사용하였습니다."

그동안 문자는 전화처럼 무제한이라고 생각했는데 정책이 바뀐 것이다. 문자를 많이 보내야 했기에 통신사에 문의를 해 보았다. 그런데 상담원께서 이런 말씀을 해 주셨다. "네 고객님, 스팸 메시지가 워낙 많다 보니 이제 정책이 바뀌었습니다. 일 200건 이상의 문자는 한 달에 10회 이하로 제한됩니다. 우체국이나 기타 택배업을 하시는 분이 아니라면 일반 고객에게는 제한을 둔 점 양해 바랍니다."

이런 내용으로 문의하는 고객이 거의 없다고 들었다. 학생들에게 문자로 소통하려다 이런 부분을 알게 되니 아쉬운 부분도 있었지만, 새로운 정보를 알게 된 만큼 지혜롭게 접근해야겠다는 생각을 했다.

그날부터 학생들에게 문자를 보낼 때에는 한 달에 10회가 넘지 않도록 꼭 필요한 내용을 하나의 문자에 담아서 보내는 준비된 연락을 할 수 있었다.

전화 심방

교역자와 교사들이 청소년 사역을 함에 있어서 가장 지치고 힘든 순간은 언제일까? 문자와 카톡에 답이 없는 것보다 학생들이 전화 자체를 받지 않는 것이다. 처음에는 괜찮다. 그런데 아침, 점심, 저녁, 밤에 연락해도 받지 않고, 주말에도 받지 않으면 지치게 된다.

그런데 결론부터 말하면 전화는 거절 속에서도 포기하지 말고 틈틈이 해야 한다. 전화가 중요한 이유는 열 번의 문자보다 한 번의 전화가 더 강력하기 때문이다.

문자를 아무리 많이 해도, 학생들과 주고받는 텍스트 연락은 한계가 있기 마련이다. 그러나 전화를 하면 학생들의 마음 문을 어느 정도 열 수 있다. 문자로는 상대방의 목소리와 말투 모든 것을 짐작할 수 없고, 글로 친한 것과 만났을 때 친한 것은 별개의 문제이기 때문에 직접 목소리를 듣고 대화를 나누는 시간을 가져야 한다.

오래전 내가 고등학생, 대학생이었을 때는 스마트폰이 없었다. 그 시절에 존재한 소셜 미디어는 지역에 상관없이 인기를 끌었던 싸이월드였다. 서울이 고향이었던 나는 초등학교 졸업 후 울산으로 이사를 왔다 보니 모든 친구와 연락이 끊겼었다. 그런데 싸이월드를 통해 연락이 끊긴 친구를 6-7년만에 다시 찾을 수 있었다.

이것이 가능했던 것은 싸이월드에 파도타기 기능이라 하여, 한 사람을 찾으면 그 사람이 소통하는 또 다른 친구의 홈피에 들어가 일촌

평과 방명록을 통해 대화를 나누며 친해질 수 있는 기능이 있었기 때문이다. 일촌 맺기와 같이 친구가 중요한 젊은이들에게 친구를 맺어 주는 상징을 부여한 싸이월드는 인기를 누릴 수밖에 없는 장점을 갖고 있었다.

그러나 이런 싸이월드 친구는 한계가 있다. 소셜 미디어에서만 대화하는 친구는 인터넷 친구로 남을 뿐이라는 것이다. 이는 지금도 마찬가지다. 인스타그램도 나와 모르는 사이이지만 친구와 연결된 또 다른 친구와 팔로우를 하며 친해질 수 있는데, 인스타그램에서의 활발한 대화와 친밀도는 현실과 별개다.

단적인 예로, 교회에서는 대화 한 번 안 나누는 학생들이 인스타그램에서는 서로 팔로우를 하고, 글을 공감하며 DM도 나눈다. 그런데 만났을 때는 아무 말도 하지 않는 모습을 보며 학생에게 질문했다. "너희는 인스타그램에서 소통도 하면서 왜 만났을 때는 대화를 나누지 않니?"

"목사님, 어색해요. 인스타에서는 대화하기 쉽죠. 그런데 만나면 불편하잖아요. 원래 그런 거예요." 이 시대 학생들의 문화가 그렇다는 것이다.

그런데 전화는 다르다. 전화는 아무와 하지 않는다. 담당 교역자가 학생과 한 번 통화하는 것이 관계의 폭을 넓히는 하나의 시작점이 될 수 있음을 기억하자.

교역자의 전화 심방 : 매주 70명에게 전화를?

2023년 당시, 고등부 재적은 140명이었다. 이들을 심방하기 위해 일대일로 만나러 갔는데 하루에 한 명만 만날 경우에는 전체를 돌아보기까지 140일이란 시간이 걸렸다. 내 입장에서는 매일 학생을 돌아보는 것이지만 학생을 모두 챙기기에는 부족함이 많았다. 그래서 전화 심방을 병행하기로 했다. 고등부 선생님들이 전화 심방하는 것과 별도로 교역자로서 전화 심방을 하기로 결정한 것이다.

하루에 140명 전체를 전화 심방할 수는 없다. 그래서 70명씩 나누어 격주로 연락을 돌리기 시작했다. 첫 주는 앞에 70명에게 전화했고, 둘째 주는 뒤에 70명에게 전화를 돌렸다. 이렇게 계속 반복하면 매일 학생을 직접 만나는 것과 별도로 2주에 한 번은 교역자로서 학생과 전화 심방을 하게 되는 것이고, 동시에 교사의 학생 심방도 이루어지고 있으니 세 겹줄 기도처럼 관리가 이루어진다.

70명에게 전화 심방을 하면 총 얼마의 시간이 소요될까? 궁금했다. 실천해 보니 평균 2시간 30분이란 시간이 소요되었다. 70명 중 평균적으로 절반이 전화를 받았다. 한 명에게 전화할 때, 2-3분 정도 통화를 한다. 그럼 실제 통화는 35명에서 40명과 1시간 40분 정도 이루어지는 것이고, 나머지 30-40분은 통화가 이루어지지 않는 과정을 거치는 것이다. 이런 전화 심방은 하루에 몰아서 하기 어려울 수 있다. 70명을 예로 들면 주 중에 70명을 5-6일 정도 나누어 전화해도 괜찮다. 이전에는 선생님들이 연락을 돌리고 그 내용을 보고받는 방식으로 사역을 감당해 나갔다. 그런데 교역자로서 직접 연락해 보니 영혼에 대한 마음의 깊이가 달라졌다.

매주 전체 전화 심방은 힘들 수 있다. 그럼 분기에 한 번이나 매월 1회만 해도 괜찮다. 그런데 매주 학생들에게 전화하는 것보다 격주로 그룹을 나누어 하는 것이 보다 효율적이다. 전화를 받는 입장에서 교사와 교역자가 매주 전화를 하면 나눌 내용이 없어서 형식적인 안부로 끝날 수 있기 때문이다. 전화 심방은 각 교회에 상황에 맞게 지혜롭게 접근하는 것이 중요하다.

연락에 있어서 다음과 같이 정리하고 싶다.
열 번의 단체 공지보다 한 번의 개인 카톡이 더 효과적이다.
열 번의 문자보다 한 번의 전화가 더 효과적이다.
열 번의 전화보다 한 번의 심방이 더 효과적이다.

365일 심방하는 목사

Tip 2

어색함을 풀어 줄 센스 있는 대화법 – 꼬리 질문법

청소년들에게 단순히 취미가 무엇인지 묻는다면 단답으로 끝날 수 있습니다. 이럴 때 필요한 것이 바로 '꼬리 질문'입니다. 음악 감상이 취미라면, 듣는 음악 중에 한 곡을 추천받고 함께 들으며 피드백을 해 주는 것입니다. 이것이 답변해 준 학생을 향한 관심의 반응이 될 수 있습니다. 무언가를 물어볼 때, 단답으로 끝내지 말고 추가적인 대화를 이어 갈 수 있도록 답변 이후에 파생되는 질문을 계속 구체적으로 해 주세요.

- **대화를 여는 만능 열쇠 'MBTI'**
  유형별 특징을 숙지하고 학생의 MBTI에 공감하며, 교역자 혹은 교사의 MBTI를 맞춰 보게 하는 등 대화를 이어 가면, 처음에도 어색한 분위기 없이 대화를 시작할 수 있습니다. MBTI 대신 혈액형도 좋습니다.

- **음악, 드라마, 예능 어떤 게 좋아?**
  좋아하는 드라마나 음악을 물어보고 다음 심방 전에 미리 찾아봅니다. 감상을 함께 나누면 감동을 줄 수 있습니다.
  "네가 말해 준 드라마 봤는데, 주연 배우가 어떤 어려움에 있던데, 나중에 어떻게 줄거리가 전개될 것 같니?"
  "네가 말해 준 인디 밴드 노래를 들었는데, 감성적이었어. 노래가 좋더라."

- **너의 비전, 꿈이 궁금해**
  아직 꿈을 모르거나 성적에 따라 진로를 결정하는 경우가 많아, 직접적으로 비전에 대해 묻기보다 가장 관심 있어 하는 과목이나 취미를 물어봅니다.

"학교에서 문과야? 아니면 이과야? 원래부터 그쪽으로 갈 생각이었니?"
"취미가 뭐야? 목사님은 식물이랑 열대어 키우는 것을 좋아해. 어떤 것을 좋아하는지 궁금하네."

● 친구가 제일 중요할 때
청소년들에게 가장 중요한 관심사입니다. 어떤 친구와 마음이 맞고, 힘든 점은 없는지 물어봅니다.
"교회에서 친한 친구는 누구야? 그래, 그 친구는 이런 특징과 취미가 있었지."
"요즘 친구 관계로 어려움을 겪는 친구들이 많던데, 너는 그런 어려움은 없어?"

● 기도 제목을 물어볼 때는 이렇게
기도 제목은 자녀를 향한 학부모님의 기도 제목과 학생 당사자의 기도 제목으로 나눌 수 있습니다. 해당 기도 제목은 서로 차이가 있습니다. 학부모님은 부모로서 자녀에 대해 고민하는 문제를 기도 제목으로 말하고, 학생은 부모님께 말하지 못하는 문제를 기도 제목으로 이야기합니다.
그래서 기도 제목을 파악할 때도 각각 다른 방법을 사용해야 합니다. 먼저 학부모님께는 전화 심방을 하여 안부를 묻고 자녀의 기도 제목을 얻습니다.
"집사님 안녕하세요. 학생에게도 기도 제목을 물어보겠지만, 부모님으로서 자녀의 기도 제목과 바람을 구체적으로 알려 주시면 함께 기도하겠습니다."
반면 학생에게는 직접적으로 묻기보다 다른 접근이 필요합니다. 보통 기도 제목을 물어보면 학생들은 딱히 없다거나 형식적이고 평이한 답을 하기 때문이죠. 그리고 한 가지만 파악하는 방식으로 부담을 줄여 주는 것이 효과적입니다.
"요즘 해결되었으면 하는 문제가 있다면 딱 한 가지만 알려 줄래?"

- 신앙 상담은 필수!

저는 학생들이 교역자를 '신앙적으로 잔소리하는 어른'으로 여기지 않도록, 학생의 마음 문이 열릴 때까지는 편안하게 대화하다가 친밀한 관계가 형성되면 신앙 상담을 시작합니다. 이처럼 신앙 상담은 친밀한 관계가 이루어진 후에 진행될 때 효과적입니다. 이후 학생들의 신앙 궁금증을 해소해 주거나 어려움을 보완해 줄 기독 서적을 추천해 줍니다. 그리고 무엇보다 신앙 상담은 상담으로 끝나는 것이 아니라 부서에서 진행하는 제자 훈련을 받을 수 있도록 이끌어야 합니다.

365일 심방하는 목사

Part 3

심방의 목적은 개인을 넘어 공동체의 성장에 있다

기존 아이들을 부서의 주인공이 되게 하라

품에 있다고 소홀히 하지 말라

부서마다 누가 가장 많은 선물을 받을까? 새 가족일 것이다. 반대로 교회에 잘 나오는 아이들은 선물을 받을 기회가 있을까? 더 많은 봉사를 하거나 예배 한 번 빠지지 않음에도 불구하고 정작 기존 학생들이 선물을 받을 기회는 적다. 이것이 오늘날 부서의 현실이다.

전도 축제 때도 새 친구를 데리고 오지 않으면 그 학생은 어떤 선물도 받지 못한다. 전도하려고 노력했는데 새 친구가 오지 않을 경우, 전도를 하고 싶어도 친구가 없어서 소외될 수밖에 없는 기존 학생들의 마음도 헤아려 주는 섬세함이 있어야 한다.

울산교회 고등부는 새 친구와 장기 결석자에게 혜택이 가는 이런 기존의 고정적인 틀을 지키면서도 이 틀을 깨고자 생각을 전환했다. "기존 학생들에게 더 많은 선물을 주고 잘 챙겨 주자."라고 말이다. 부서에서 초점을 맞추는 대상을 재정비한 것이다.

주인공은 지금, 여기 있는 아이들이다

나는 울산교회 고등부 학생들로 하여금 부서에 자부심과 자긍심을 갖게 해 주고 싶었다. 방법은 간단하다. 임원 리더만이 아니라, 예배에 빠지지 않고 참여하는 기존 학생들이 심방을 요청할 때, 횟수에 상관없이 거절하지 않고 챙겨 주는 것이다. 새 신자와 장기 결석자만 심방한 것이 아니다. 기존 아이들이 심방을 두 번 세 번 요청하면 나는 그 심방을 다 갔다. 만날 때마다 밥을 사 주고 챙겨 주면, 교역자와 학생, 교사와 학생 간의 신뢰가 쌓인다. 그러면 기존 아이들과 충분히 관계가 형성되고, 기존 학생들에게 소외된 다른 지체들을 챙길 수 있는 다음 단계로 발전하는 것을 경험하게 될 것이다.

우리의 웃음이 누군가에게는 슬픔이 될 수 있다

모두가 행복할 수는 없을까?

교회 공동체마다 끼리끼리 문화가 존재한다. 동역자로 여기고 친하게 지내는 것은 좋지만 여기에는 문제점이 있다. 그것은 서로 마음이 맞고 친한 친구끼리만 그룹을 결성해서 이 외에 어떤 사람들도 자신의 그룹에 넣어 주지 않는 분위기를 만든다는 것이다. 이때 교회는 머리 되신 그리스도 예수 안에서 각기 지체가 모여 연합하는 공동체인데 손과 발이 어울리지 못하는 교제 불균형이 발생한다.

고등부 사역을 감당하는 5년간 끊임없이 강조한 목회 방향이 있다. 그것은 '끼리끼리의 문화가 사라지는 공동체를 만드는 것'이다. 누구도 소외감을 느끼지 않고, 행복을 누릴 수 있는 공동체를 만드는 것이 고등부 목사로서 나의 비전이었다.

울산교회 고등부는 예배 전에 교사 회의로 모인다. 하루는 교사 회의를 그날따라 일찍 마치게 되어 고등부실로 갔는데, 분위기가 화기애애했다. 일찍 예배를 준비하러 온 임원과 찬양팀 학생들이 서로 웃고 즐겁게 대화하는 모습이 보였다.

그런데 하나의 장면이 더 보였다. 늘 부모님 차를 타고 일찍 오지만 친구가 없어서 항상 홀로 와서 조용히 예배에 참석하는 학생들이 있었는데, 이 둘이 앞쪽에 따로 앉아 있는 것이다. 즐겁게 대화를 나누는 학생들과는 달리 두 학생은 너무 외로워 보였고, 그 즐거운 대화에 참여하지 못하는 현실을 보았다.

그때 하나님은 깨달음을 주셨다. 공동체의 전반적인 분위기가 밝고 화목한 것도 중요하지만, 공동체 일원 중 한 사람도 빠짐없이 함께 행복을 누리는 공동체를 만들어야 한다는 것을 말이다.

너의 웃음이 나의 웃음이 되기를

한 주가 지났다. 예배를 마치고 광고를 할 때, 임원과 헬퍼는 지정된 자리에 모여 달라고 했다. 임원과 헬퍼까지 모두 스무 명의 친구가 자리에 앉았다. 그때 그들에게 사랑이 담긴 잔소리, 권면을 하기 시작했다.

"애들아, 만약 어떤 교회가 우리 울산교회 고등부를 탐방하고 싶어서 방문했다고 가정해 보자. 그때 예배 전후에 안내팀과 찬양팀과 임원들과 반별로 친한 친구들이 밝게 웃으며 대화를 나누는 모습을 타 교회 성도님들이 보았어. 그럼 그분들은 우리 고등부를 어떻게 생각하실 것 같아? 그렇지. 그분들은 이렇게 생각하실 거야. '이야 역시 고등부는 분위기가 밝고 역동적인 교회구나. 행복한 공동체구나.'라고 말이야."

그러고는 이어서 이렇게 권면했다. "하지만 정확한 평가는 외부에서 보는 고등부가 아니야. 내부에서 보는 고등부의 평가가 훨씬 더 중요하다는 것을 알아야 해. 만약 고등부에 어떤 친구라도 다른 그룹의 친구들이 즐겁게 대화 나누는 모습을 보며 슬픔을 느낀다면 그것은 건강한 공동체가 아니야. 다른 이의 웃음이 나의 웃음이 되는 것, 그런 고등부가 진정으로 건강한 공동체야. 목사님은 바로 그런 공동체를 만들고 싶어. 누군가의 웃음이 슬픔이 되지 않는 공동체, 누군가의 웃음이 곧 나에게 편안함이 되고 같은 기쁨이 되는 공동체를 만들어 보자."

그때부터 고등부는 이 문제를 놓고 진지하게 고민하기 시작했다.

3

공동체는 깨지 말고 확장시켜야 한다

우리도 노력해 봤어요

앞서 말한 "누군가의 웃음이 어떤 이에게는 슬픔이 될 수 있다."라는 자세를 가지고 소외된 이들에게 다가가자는 캠페인을 시작해 학생들에게 권면했다. 이렇게 내가 고등부 사역 5년 중, 무려 3년 6개월 동안 타파하려고 노력한 부분이 있다. 그것은 끼리끼리 공동체를 해체하려는 시도였다.

인싸(또래 집단에 잘 어울리고 유행에서 앞서간다는 인사이더의 줄임말)인 아이들에게 다가가 그들을 향해 훈계하기 시작했다. "끼리끼리 문화는 좋지 않아. 너희는 아니라고 하지만 친한 친구끼리 그룹을 지은 것 때문에 누구도 그 높은 장벽을 뛰어넘지 못하고 있다는 것을 아니? 끼리끼리 문화를 버리고 다른 이들에게 마음의 문을 열어야 해.

그런데 그때 선희라는 고2 학생이 내게 말했다. "목사님, 저 솔직하게 말할 것이 있는데요. 목사님이 그런 말씀을 하실 때, 저희 속상해요. 저희가 일부러 끼리끼리 문화를 만들려 한 것이 절대 아니에요. 그런데 왜 목사님은 마음 맞는 친구들과 대화 나누는 우리가 잘못한 것처럼 말씀하시는지 모르겠어요. 저희도 나름대로 다른 친구들에게 말도 걸면서 다가가요. 그렇지만 그 친구들이 우리한테 마음의 문을 열어 주지 않을 때도 있어요, 목사님."

이 말을 들을 때, 난 내 의견을 받아들이지 않는 학생을 훈계하거나 설득하지 않았다. 오히려 선희가 말한 내용을 다시 기억하면서 선희와 친구들의 입장을 생각해 보았다. "그래, 충분히 끼리끼리에 들어가 있는 친구들로서도 억울한 부분이 있겠네."라고 말이다.

끼리끼리가 아닌 패밀리입니다

하나님께 공동체의 연합을 이루도록 지혜를 달라고 기도했다. "끼리끼리 모이지 말고, 흩어져서 모두의 친구가 돼라!"라는 교역자의 권면이 학생들에게 잔소리가 되기도 하고, 작심삼일이 되기도 하는 현실을 마주하면서 더 주님의 능력과 지혜를 구하게 되었다. 그때 하나님께서는 내게 놀라운 깨달음을 허락해 주셨다. "세종아, 공동체를 깨지 말고 확장하면 되지 않느냐."라는 깨달음이었다. 그때 문제 해결을 위해 방법을 찾던 내 고정 관념이 깨어졌다.

그때부터 방법이 보이기 시작했다. "그래, 끼리끼리 문화의 중심에 있다고 여겨지는 패밀리들을 오히려 존중해 주자. 패밀리들을 깨지 말고 붙이자. 패밀리를 해체하는 것이 아니라 오히려 확장되게 해서 전체 공동체가 되게 하자."라는 방법이었다.

패밀리 확장의 실제적인 방법 중 하나를 소개하겠다. 보통 자체적으로 중고등부 수련회나 청년부 수련회를 진행할 때, 교역자와 선생님들은 친한 친구들이 다 찢어지도록 편성할 것이다. 그런데 울산교회 고등부는 패밀리가 네 명일 경우 두 명은 한 조에 붙여 주었다. 레크리에이션을 할 때, 친한 친구들이 여섯 명이면 전부 분리하지 않고 존중하여 세 명씩은 묶어 주었다. 그리고 친한 아이들을 붙여 주는 대신 그들을 따로 불러서 약속하게 했다. "너희들을 다 분리시키지 않고, 절반은 붙여 줄게. 그럼 너희도 목사님의 부탁을 들어줘야 하지 않겠니? 공동체에 아직 동역자를 만나지 못한 아이들 누구누구가 있어. 이들을 너희가 전담하여 따뜻하게 챙겨 주라."

그럼 어떤 일이 일어나는지 아는가? 고등부 학생들은 각자 양심이 있다. 그리고 의리도 있다. 그동안은 친한 사람들과 잘 지내는 것을 잘못을 저지른 것처럼 여기던 담당 교역자와 교사가 오히려 자신들을 배려해 주는 것을 보며 느낀다. 자신들도 무엇을 실천해야겠다는 것을…. 그때 돌봄과 따뜻한 손길이 필요한 지체를 붙여 주면, 그들도 자체적으로 의논을 한다. 어떻게 이 학생과 친하게 지낼지를 고민하면서 말이다.

이것을 실천하게 하는 기점은 꼭 여름 수련회나 겨울 수련회 때만이 아니다. 심방을 하며 맛있는 것을 사 주거나 영화를 보여 주거나 당일치기 아웃팅 여행을 떠날 때 적용해도 좋다.

4

심방은 공동체 부흥의 열쇠다

젊은 신혼부부의 섬김과 찬양팀의 부흥

부임한 지 1년, 교사들 사이의 분쟁과 오해로 전체 교사 중 70퍼센트가 사임했을 당시, 반 담당 교사만 위기에 처한 것이 아니었다. 찬양팀은 더 큰 위기에 처했다. 반 교사는 열 명의 교사가 충원되어 어느 정도 해결점이 보였지만, 찬양팀은 구성원 자체가 없었다.

2020년 1월 당시 위기 가운데 부장으로 섬기셨던 집사님께서 다시 울산교회로 돌아오신 장립 집사님에게 찬양팀 리더로 섬겨 달라는 요청을 했다. 감사하게도 집사님께서는 이를 수락해 주셨다. 그러나 문제가 있었다. 팀원이라고는 기타로 인도하시는 리더 집사님과 싱어 학생 한 명이 전부였다. 2020년 코로나가 오면서 현장 예배에 학생들이 올 수 없었으니 리더 집사님은 본인 포함 두 명 체제로 찬양팀을 운영해 가셨다.

하루는 리더 집사님께서 말씀하셨다. "목사님, 교회에 얼마 전에 결혼한 신혼부부가 있는데요. 자매님은 신디를 하셨고, 남편 되시는 분은 결혼하면서 예수님을 믿은 초신자이지만 베이스 기타를 배우면서 섬기고 싶다고 하셨어요. 같이 찬양팀을 섬기면 어떨까요?"

"물론이죠, 집사님. 어려운 시기에 귀한 부부 성도님이 오신다니 마음이 기쁘네요."

그렇게 찬양팀은 리더 집사님과 싱어 학생 한 명과 악기를 담당하는 신혼부부가 오면서 찬양팀다운 모습을 갖추어 갔다.

젊은 부부가 오면서 변화가 일어나기 시작했다. 찬양팀 리더 집사님과 부부 성도님의 권면하에 조금씩 찬양팀을 섬기겠다는 학생들이 늘어나기 시작했다. 온 교인 특별 새벽 기도회 기간이 되면 세 명의 선생님은 고등부 찬양팀원 학생들을 집 앞까지 태우러 가고 학교까지 바래다주는 수고를 하면서 아이들을 새벽 기도회의 자리에 나오도록 이끌어 주었다.

그것만이 아니다. 세이레 특별 새벽 기도회를 하면 21일 동안 새벽 일찍 학생들을 챙겨 오는 것만이 아니라 매일 아침 토스트와 다과를 준비하면서 아이들을 정성껏 챙겼다. 주중에는 찬양팀이 큐티 생활을 하도록 이끌어 줌으로써 반 교사가 다 챙기지 못하는 영역을 보완하여 챙겨 주는 역할도 감당했다.

시간이 흘러 찬양팀에 놀라운 부흥의 물결이 일어나기 시작했다. 처음 두 명에서 시작했던 찬양팀은 열다섯 명이 넘는 찬양팀으로 발전했다. 이는 이미 달란트를 갖고 있는 학생들을 불러 모은 것이 아니다. 드럼도 전혀 할 줄 모르던 남학생을 권면하여 드럼을 배우도록 했을 뿐 아니라, 취미가 없던 학생에게 달란트를 발견하도록 이끌어 준 것이다.

찬양을 잘하지 못해도 괜찮았다. 매주 토요일마다 두 시간 찬양팀 연습을 할 때에 문턱을 낮추었다. 학원 시간으로 오기 힘들면 이해해 주었으며, 연습에 참여한 아이들에게는 선생님들 세 분이 직접 사비로 간식을 구입하여 아이들을 먹이고 챙겨 주었다. 학생들은 오히려 자유롭게 참여하도록 이끄는 선생님들의 배려에 감동해서 기존 학원 시간을 바꾸었으며, 주인 의식을 가지고 대부분의 학생이 찬양팀 연습에 동참하게 되었다.

이런 선생님들의 헌신과 주 중 심방과 토요일에 챙겨 주시는 손길을 통해 찬양팀은 든든히 세워졌으며 고등부의 중심이자 간증의 제목이 될 수 있었다.

찬양팀의 좋은 사례를 통해 주보 팀이 신설되었으며, 고등부에 팀 사역이 체계화되는 은혜가 임하게 되었다.

바퀴 달린 수련회

코로나가 한창이던 2020년부터 2021년까지 어떤 수련회나 다 같이 모여 교제하는 현장 중심 모임이 철저히 금지되었고, 모일 수 있다고 해도 그 모임에 함께하기를 기피하는 기간이 있었다. 그런데 오히려 그런 시대 속에서 나는 다른 관점으로 세상을 바라보았다. 그러니 오히려 너무 고립되어 버린 사회로 인해 영적 교제, 코이노니아가 단절된 시대 속에서 학생들은 친구와 함께 어딘가를 여행하고 대화하고 싶어 하는 간절함이 있음을 알게 되었다.

그 당시 TV에서 가장 인기가 많았던 프로그램이 있었는데 그중 하나가 '바퀴 달린 집'이었다. 바퀴 달린 집은 시즌별로 계속 진행되었지만, 내가 보았던 프로그램은 시즌1로 2020년 6월부터 8월까지 방영되었다. '바퀴 달린 집'이란 현실 속에서 살고 싶은 장소를 마음속으로만 간직하는 것이 아니라, 어디든 내 맘대로 위치를 골라서 살아 볼 수 있는 움직이는 집을 말한다. 그 집은 바로 이동 수단인 차다. 이 프로그램에서는 연예인들이 나와서 원하는 곳에 차를 이동시켜서 그곳에 차박 캠핑을 열면서 추억을 쌓았다. 이 예능을 보면서 나는 인사이트를 얻었다.

'바퀴 달린 집'을 고등부에 접목해 생각해 보았다. '요즘 코로나로 어디든 갈 수 없는 현실 속에 다들 답답해하는데, 정부가 정한 사회적거리 두기 인원수에 맞게 심방 신청을 받아서 랜덤으로 학생들을 스타렉스에 태워 놀러 가고 추억을 쌓아 보자.'라는 생각이었다. 이 아이디어로 진행한 행사가 바로 '바퀴 달린 수련회'다.

"수련회?" 하면 아마 대부분 찬양 집회를 말할 것이다. 그런데 수련회는 찬양 집회만 있는 것이 아니다. 매일 집회를 마치고 나면 조별 나눔이 있다. '바퀴 달린 수련회'라고 이름을 지은 이유는 학생들을 랜덤으로 차에 태운 뒤 몇몇 교사와 함께 동행하여 이동하거나 지정된 장소에서 추억을 쌓을 때, 수련회의 나눔처럼 말씀과 교제를 나누는 콘텐츠를 접목했기 때문이다.

이 행사를 진행할 때, 구체적인 방법을 두었다. '바퀴 달린 수련회'를 랜덤으로 신청하되 각자 한 명씩 지원하라고 한다면? 아무도 지원하지 않을 것이다. 그래서 이런 조건을 내세웠다. "스타렉스를 타고 울산과 부산 어디든 핫 플레이스 장소에 이동하는 바퀴 달린 수련회를 며칠, 무슨 요일, 몇 시부터 몇 시까지 진행합니다. 신청하세요! 신청 조건은 본인 혼자 신청해도 괜찮고, 자신과 친한 친구를 데리고 올 경우는 반드시 본인 포함 두 명까지만 가능합니다. 누가 차에 함께 타고, 일정에 동행하는지는 당일까지 비공개입니다. 선생님들도 일부 참여하실 거예요!"

이때 고등부는 폭발적인 반응을 보였다. 스타렉스는 보통 12인승이라고 하지만 열한 명이 타면 가득 찬다. 운전자인 교역자와 선생님이 보조석에 타면 뒤에는 여덟아홉 명이 탈 수 있다. 여기서 한 아이가 친한 친구를 데리고 오면 두 명이 된다. 이렇게 네 그룹을 받을 수 있다. 그럼 총 여덟 명의 학생과 나와 교사 두 명이 참여하면 총 열한 명의 그룹이 결성되는 것이다.

정원이 차면 어느 곳을 갈지 설문으로 추천을 받았다. 그리고 장소를 정해서 떠났다. 울산을 기준으로 해서 울산에만 머물지 않고, 경주나 부산, 혹은 버스로 이동하기 어려운, 울산 내에서도 가장 끝자락에 있는 바다를 향해 갔다. 이것을 여러 차례 진행한 결과 감사한 일이 일어났다. 두 명씩 참여하던 친구들이 처음에는 자신이 데리고 온 친구 한 명과만 대화를 나누다가 다리 역할을 하던 교역자와 교사의 수고를 통해 총 여덟 명의 학생이 프로그램 중 서로 친해지는 은혜가 임한 것이다.

학생들은 본인이 즐거웠고 행복하다면 교회에 가서 다른 친구들에게 이 사실을 알리게 되어 있다. 그것도 하나의 홍보 효과가 된다. 우리도 덕분에 점점 열한 명이 함께하는 차박 심방을 신청하겠다는 분위기가 일어나면서 서로가 가까워져 공동체가 한 몸이 되는 놀라운 주님의 역사를 경험할 수 있었다.

학생들이 몰려오다

새 친구와 함께하는 2부 프로그램

2020년부터 2021년까지 코로나가 가장 심각한 시대에도 고등부 학생들 수는 점점 더 늘어났다. 학생들이 새 친구를 전도해 오면 그들이 대부분 정착했다. 한 번 방문하고 떠나는 숫자보다 정착하는 숫자가 늘어났고, 심방을 통해 개인 심방과 그룹 심방으로 연결하면서 서로가 친해지니 연합이 자연스럽게 이루어진 것이다.

그런데 하루는 교회에 남아 있기를 희망하는 학생들의 수가 늘어나면서 임원 학생들과 여러 친구가 내게 건의했다. "목사님, 우리 고등부 지체들이 서로 친해질 수 있는 시간을 마련해 주시면 안 될까요?"라는 요구였다.

그때 고등부에 필요한 부분을 확인했다. "기존 학생들과 새 친구들이 고등부에 잘 정착하고 심방을 통해 결속력을 높이는 것까지는 했는데, 우리 고등부에는 다음 스텝이 없었구나."라는 것을 말이다.

그때 두 청년 교사를 잠시 만나 회의하자고 불렀다. 한 명은 간사 역할을 하던 신학생 청년이었고, 다른 한 명은 이전에 고등부를 졸업한 청년이었다. 청년들과 이야기를 나누다가 결정을 내렸다.

"우리 고등부가 기존 지체나 새 친구 구분 없이 모두가 즐겁게 하나 될 때가 언제일까?"

"음, 수련회에서 마지막 날에 저녁 집회를 마치고 밤새 레크리에이션을 할 때요."

"그렇지. 그때만큼은 모두 하나 되잖아. 한계는 무엇일까?"

"그때 말고는 다시 어색한 관계로 돌아가는 현실이요?"

"맞아. 그런데 우리가 그날의 추억이 매주 이어지게 한다면 학생들과의 연합이 더 견고해지지 않을까?"

그날 회의를 기점으로 프로그램을 체계화하기 시작했다. 프로그램명은 '새 친구와 함께하는 2부 프로그램'이다. 이 프로그램은 매주 주일, 수련회 마지막 날에 밤새 진행하는 게임을, 콘텐츠를 바꾸어 가며 진행하는 것이다. 이때 리더 자리에 젊은 감성을 갖고 있는 청년 교사 두 명을 임명했다. 여기서 타이틀이 중요하다. 본 프로그램이 기존 지체들이 함께하는 2부 프로그램이 아니라, 새 친구와 함께하는 2부 프로그램이라는 점이다.

새 친구가 2부 프로그램에 들어온다. 만약 새 친구 인원이 다섯 명이라고 가정해 보자. 다섯 명 중의 서너 명은 친구의 전도로 온 것이다. 그럼 해당 프로그램에는 새 친구와 전도한 친구가 참여해야 한다. 그 외의 새 친구 중에 자진해서 오거나 부모와 함께 교회를 옮겨 온 친구는 친한 친구가 없다. 그런 경우에는 같은 반에서 함께 짧게라도 인사를 나눈 학생들을 참여하게 했다. 그런데 이 인원만으로는 게임을 진행하기 어렵다. 그래서 고등부에 광고하기 시작했다.

"이제 다음 달부터 새 친구와 함께하는 2부 프로그램을 시작합니다. 2부 프로그램은 기존 지체들이 새 친구의 정착을 돕고자 서로가 연합하는 시간입니다. 이 일에 참여만 해도 기존 지체들은 고등부의 헬퍼가 될 수 있습니다. 기존 지체들도 즐겁고, 새 친구도 추억을 쌓을 수 있는 본 프로그램에 적극적인 참여 바랍니다." 그날부터 고정적으로 30명 이상의 인원이 해당 프로그램에 참여했다.

그때부터 변화가 일어나기 시작했다. 새 친구들이 교회에 정착하고 행복해하는 것이 눈에 보였다. 새 친구들이 기존 학생들의 그룹에 흡수되어 하나가 되는 것이 보였다. 기존 지체들은 자신들이 조금만 마음을 열어 주고 새 친구들에게 손을 내밀었을 뿐인데, 교회에서는 모든 선생님이 참여하는 그들을 칭찬해 주고 헬퍼로 인정해 주니 서로가 살아나는 상호 보완적인 구조를 이루게 된 것이다.

2부 프로그램의 특징은 기존 교사들이 들어가지 않는다는 것이다. 청년 교사 두 명을 제외하고는 30명에서 40명의 인원이 전부 학생들로 구성되어 있다. 그러니 더 자유롭게 학생들이 하나 될 수 있었다.

헬퍼 제도 체계화

새 친구와 함께하는 2부 프로그램에 참여만 해도 헬퍼로 임명했지만, 이 모임이 부흥하고 활성화되면서 헬퍼의 기준을 다시 세워야 하는 단계에 접어들게 되었다. 그래서 헬퍼 제도를 더 체계화시키는 작업을 했다. 이는 헬퍼의 역할을 확대하고, 헬퍼로 섬기는 이들의 헌신도를 높이기 위함이었다.

먼저 헬퍼를 세우려는 분명한 목적을 다시 확인했다. 보통 교회는 임원과 찬양팀, 주보 팀, 방송팀이 리더로 활동을 한다. 이들이 선생님들과 주위 사람들에게 주목을 받게 되어 있다. 그런데 나는 울산교회 고등부를 특정 학생들만 주목받는 공동체로 만들고 싶지 않았다. 모든 공동체의 일원이 고등부에 주인 의식을 갖도록 했다. 그것이 바로 헬퍼 제도의 목적이다. 임원진에서 교회 행사를 기획하고 계획을 세울 때, 행사 준비를 돕는 참가자 모두를 헬퍼이자 작은 리더로 세우기로 교사들과 의견을 모았다.

미스바 교육관 스토리

울산교회 고등부 예배당은 2021년까지만 해도 교육관 7층에 자리 잡고 있었다. 건물 엘리베이터는 최대 6층까지만 올라갈 수 있었는데, 6층에 도착해서 한 층 더 계단으로 올라가야 고등부 예배당에 도착할 수 있는 구조였다. 다른 부서에 비해 불편함이 있었지만, 고등부는 어떤 불평 없이 본 건물을 잘 사용하고 있었다.

그런데 2022년도 1월 2일, 울산교회는 교육관을 이전하게 되었다. 당시 울산교회가 새로운 본당인 비전센터 건축을 총 3년간 진행하기로 결정되어 이전에 있던 교육관을 허물게 된 것이다. 그래서 본당 외에 교육관에서 예배드리는 대부분의 다음 세대 부서가 임시 교육관으로 이동하게 되었다. 임시 교육관은 교회에서 10분에서 15분 떨어진 곳에 있었다. 그곳 이름을 담임 목사님께서 미스바 교육관으로 지정하셨고, 그렇게 우리 고등부는 새로운 터전에서 예배드리게 되었다.

사실 예배당을 임시 교육관으로 이사하면서 걱정이 앞섰다. 고등학생들은 부모가 차로 태워 주는 경우보다 스스로 걸어오는 경우가 대부분이다. 그러다 보니 '혹시나 교회 본당과 거리가 떨어진 시장 거리에 있는 미스바 교육관을 오는 길에 학생들이 다른 곳으로 도망가지는 않을까?' '어디론가 사라지거나 여러 핑계로 유실되는 인원이 발생하지 않을까?'라는 생각이 들었다.

그러나 나와 선생님들의 걱정과는 달리 고등부는 새로운 터전에 잘 적응했고 정착했다. 그때부터 변화가 일어났다. 고등부 학생들 인원이 점점 더 늘어나게 된 것이다. 2022년 당시 코로나가 한창이었지만, 그럼에도 코로나 전보다 오히려 학생 수가 많아졌다.

당시 미스바 교육관 고등부실 좌석은 총 130석이었다. 코로나 전 고등부 학생 수는 70명이었지만, 90명으로 늘어나면서 교사와 다 함께 앉을 자리가 부족해졌다. 그때부터 선생님들 열 명 이상은 문밖에서 임시 의자를 놓고 예배를 드려야 했다.

그래서 고등부는 교육 위원회 장로님들께 건의했다. 고등부 학생

수가 늘어나면서 앉을 자리가 부족해졌다는 것을 말이다. 건의하면서도 이것이 수용되기는 어려울 것으로 판단했다. 왜냐하면 현재 장소가 새롭게 지은 교육관도 아니고, 3년만 있다가 떠날 임시 교육관이었기에 이곳에서 리모델링한다는 것은 상상도 할 수 없는 현실적인 문제였기 때문이다.

그런데 놀라운 일이 일어났다. 2022년 1월 2일에 미스바 교육관으로 이사한 지 1년 3개월 만인 2023년 3월 19일에 고등부실 확장 공사를 진행하게 된 것이다. 당시 미스바 교육관 구조는 좌측에 중등부실과 중등부 교사실, 중앙에는 교역자실과 교육 위원회실, 우측에는 고등부실과 고등부 교사실로 되어 있었다. 그런데 학생이 늘어 고등부실이 좁아지다 보니 고등부실을 교사실과 합쳐서 확장 공사를 진행하고, 교육 위원회실을 고등부 교사실로 함께 사용하는 것으로 협의가 된 것이다.

교육 위원회 담당 목사님과 장로님들은 자신의 자리를 고등부 교사실로 내어 주시기로 결단하셨다. 덕분에 좌석은 기존 130석에서 180석으로 늘어났다. 하나님께서는 다른 곳도 아니고 임시 교육관으로 옮겼을 당시 많은 고등부 청소년들이 몰려오게 해 주셨고, 고등부가 부흥하고 성장하는 은혜를 베풀어 주셨다.

Tip 3

수많은 심방 내용을 오래 기억하려면?

- **웹 교적 활용하기**
  웹 교적에 심방을 입력하면 부서 담당 교역자 뿐 아니라 담임 목사님과 교구 목사님도 확인할 수 있기에 체계적인 심방이 가능합니다. 담당 교역자의 심방은 가정 전체가 교회와 연결되는 세 겹줄 심방을 목적으로 체계화 되어야 합니다.

- **SNS 활용하기**
  심방 스토리를 남길 경우에는 학생과 나눈 자세한 이야기를 남기는 것이 아니라, 간단한 추억을 남겨야 합니다. 간단한 추억만 남겨도 그 학생을 만난 교역자와 교사는 그날의 스토리와 함께 나눈 자세한 대화가 떠오르게 되어 있습니다. 단, 학생과 찍은 사진을 올릴 때에 학생 당사자의 허락을 받아야 합니다.

- **기타**
  심방 노트, 카카오톡 캘린더, 다이어리, 탁상 달력 등 어디에 기록하든, 특이 사항을 기록하고, 학년별 학생 이름을 기입한 후 심방할 때마다 확인해야 합니다.

심방 노트

이름	생일/성별
학교	학년
휴대폰 번호	
주소	
취미	
기타 인적사항(MBTI, 혈액형 등)	
심방내용	
기도제목	

나가며 심방은 부흥과 성장을 위한 밑거름입니다

요즘 시대에는 교단별로 다음 세대 사역에 대한 다양한 방법이 나와 있다. 어떻게 해야 다음 세대가 회복하고 부흥하고 성장할 수 있는지에 대한 고민이 많다. 여러 콘텐츠와 행사, 체계적인 교육 시스템, 상담, 훈련 등을 다채롭게 교회 학교에 접목하는 것이 필요한 시대다.

본서에서 다음 세대 회복을 위해 소개한 심방 사역은 사실 획기적인 방법이나 빠른 변화를 주는 방법이 아닐 수 있다. 그러나 한 가지 확실한 것이 있다. 심방은 다음 세대 학생들이 본 교회에 정착하고 성장하며 일꾼으로 세워지는 데에 있어서 가장 중요한 밑거름이 된다는 것이다. 심방은 사역의 기초가 되는 튼튼한 뿌리이자 다음 세대를 건강하게 자라게 하는 원동력이다.

영적 성장과 부흥을 꿈꾸는 교회 학교가 많을 것이다. 그런데 오늘날 다음 세대를 이끄는 교역자와 교사가 기억해야 할 것은 다음 세대

부서의 연합과 부흥, 성장을 목표로 세울 때, 전체 운영을 생각하기보다 다음 세대 한 영혼을 먼저 생각해야 한다는 것이다.

오래 걸리는 길이지만 가장 **빠른** 길이 심방이다. 심방은 처음에는 변화가 보이지 않는다. 그래서 교역자나 교사가 학생들을 잠깐 만나고 헤어지기를 반복하다 보면 어느 순간 여러 인간적인 생각이 들 수 있다. '학생들이 심방해도 고마워하거나 어떤 표현도 하지 않는데, 과연 심방에 효과가 있는 것일까?' '돈과 시간까지 쓰지만 여전히 돌아오지 않는 아이들이 있는데, 이렇게 하는 것이 맞는 것일까?' '한 명, 한 명 찾아가는 심방은 너무 오래 걸리는데, 이렇게 하면 부서 전체가 성장할 수 있을까?' 이런 생각을 하는 교역자와 교사가 계신다면 꼭 드리고 싶은 말씀이 있다. "먼저 한 영혼을 찾아가고 있다면 그것이 바로 정답이고, 정말로 잘하고 있다!"라는 것이다.

심방은 오랜 시간 진지한 대화를 해야만 잘하는 것이 아니다. 때로는 스쳐 지나가듯 만나는 짧은 시간일지라도 그것이 훗날 영혼을 깨닫게 하고, 성장하게 하는 과정이 될 수 있기에 눈에 보이는 대로 심방 사역의 성공 여부를 판단해서는 안 된다. 불필요한 만남은 없다. 설령 그것이 학생들 입장에서는 억지로 만나는 시간일지라도 마침내 열매를 맺게 되어 있다.

심방이 건강한 사역이 될 수 있는 이유는 처음부터 끝까지 우리 부서 아이들을 챙기는 사역이기 때문이다. 늘 우리 아이들을 생각하고 고민하는 과정이 심방의 과정에 들어 있는 것이다.

여기서 주의해야 할 것이 있다. 심방은 '내 사람을 키우는 사역'이 아니라는 것이다. 심방의 목적은 공동체의 성장에 있다. 예수님의 사랑을 받은 어른 리더들이 학생들에게 그 사랑을 흘려 주어, 그 사랑을 받은 학생들이 자신의 친구들과 선후배들에게 이웃 사랑을 실천할 때 부서에 선순환이 일어날 수 있다. 교회 공동체가 건강해지는 것, 연합하는 것, 부흥하고 성장하는 것이 심방의 주된 목적임을 잊지 말아야 한다.

나는 아날로그 사역만을 고집하는 사역자가 아니다. 누구보다 먼저 SNS로 다음 세대와 소통하기 위해 노력해 왔으며, 지금은 활용하지 않지만, 유튜브 채널을 개설해서 활동하기도 했다. '하이프렌즈'라고 학생들의 소원을 들어주는 심방, 학생들이 준비 중인 꿈과 비전(미술가, 음악가, 프로게이머에 이르기까지)에 대해 나누고 2년간 소통하는 콘텐츠를 만든 적이 있다. 이렇게 현시대에 발맞추어 사역하면서 아날로그 사역을 놓치지 않고 감당해 왔다.

만약 현시대를 바라보지 않고, 옛 방법만 고집했다면 학생들도 현실과의 괴리감을 느끼면서 교역자의 심방을 멀리했을 것이다. 그러나 어떻게 하면 요즘 시대의 아이들과 소통할지를 고민하며 최선의 것을 선물해 줄 때, 아이들은 느낀다. 교역자와 교사가 나 한 사람을 위해 이렇게 노력한다는 것을 말이다. 그 결과 교역자가 심방하자 해도 피하던 고등부 학생들이 이제는 먼저 심방 신청해도 되느냐고 물어보는 놀라운 변화가 공동체 전체의 문화로 퍼졌다.

여기서 우리가 놓쳐서는 안 되는 것이 있다. 시대의 변화에 적응하고 따라가면서도 우리의 중심과 기본을 잃어서는 안 된다는 것이다.

오래전 교사들이 집 앞을 찾아가고 만났던 아름다운 추억을, 번거롭고 귀찮더라도 현시대 교역자와 교사가 끝까지 감당할 때, 오늘날의 교회 학교는 365일 교회를 생각하는 공동체로 성장할 것이다.

본서를 마무리하며, 나는 '고등부 학생들이 영적으로 성장했구나!'라는 것을 크게 느꼈던 순간이 있다. 그것은 늘 자신만 생각하거나 친한 교회 친구만 챙기던 아이들이 그동안 소외되었거나 대화 한 번 나누지 않아 어색했던 친구들에게 먼저 손을 내밀면서 그들을 품을 때다. 나는 아이들 사이에 끼리끼리 문화가 사라지고 공동체가 확장되는 것을 자신들의 기쁨으로 여길 때 감사했다. 그동안 교회에서 예배만 드리고 반별 모임은 하지 않고 도망가던 학생들이나 말없이 반별 모임이 끝나자마자 집에 돌아가기 바빴던 학생들이 집에 가지 않고, 계속 교회에 남아서 선후배와 친구들과 교제를 나누는 것을 볼 때에 주님께 얼마나 감사하고 행복했는지 모른다.

사도 바울은 고린도전서 12장 26, 27절에서 고린도 교회 교인들에게 이렇게 권면한다. "만일 한 지체가 고통을 받으면 모든 지체가 함께 고통을 받고 한 지체가 영광을 얻으면 모든 지체가 함께 즐거워하느니라 너희는 그리스도의 몸이요 지체의 각 부분이라."

바울의 고백처럼 학생들이 교회 공동체 지체들을 소중히 여기고, 친구들의 아픔과 기쁨을 함께하는 데 다리 역할을 해야 한다. 그래서 나는 교회 성장의 시작과 끝은 심방이라고 확신한다. 심방 사역이 다음 세대를 이끄는 교역자와 교사의 중심에 세워짐으로써 모든 교회학교 학생들이 교회에 대한 자부심을 느끼고, 세상을 변화시키는 변화의 주역으로 성장하길 간절히 소원한다.

부록 1. 무엇이든 물어보세요! _심방 사역에 관해 궁금한 107가지 Q&A

반복되는 거절, 심방을 포기하고 싶어요

Q. 주일 학교에서 10년째 섬기고 있는 교사입니다. 코로나가 끝나고 멀어진 아이들의 마음을 붙잡으려고 시작한 심방이 벌써 2년이 넘었네요. 아이들이 기뻐하는 모습을 보며 지금껏 버텼지만, 이제는 지친 것 같습니다. 만나 주는 아이는 어쩌다 한 명이지, 아무리 노력해도 거절당하고, 그때마다 받는 상처가 큽니다. 그런데 심지어는 오히려 저를 피해 교회와 멀어지는 것 같고 열매도 없는 것 같아서 계속 이렇게 심방하는 게 맞는지 고민이 됩니다. 이제 그만 심방을 포기하고 싶어요.

A. 저도 심방을 포기하고 싶은 때가 많았습니다. 한 번의 심방에는 보이지 않는 열 번 이상의 거절이 있기에, 지칠 때가 많았습니다. 주변에서 "교역자의 사역 종류가 얼마나 다양하게 많고 바쁜데, 굳이 심방을 고집할 필요가 있어?"라는 현실적인 조언을 들을 때면, 심방 대신 전체적인 시스템으로 운영하는 사역을 하고 싶을 때가 많았던 것도 사실입니다.

그러나 심방에 대한 의지와 열정이 이어질 수 있었던 것은 한 영혼을 심방할 때마다 우연한 심방이 없음을 하나님께서 체험하게 해 주셨기 때문입니다. 사람은 연약한지라 당장 사역의 열매가 보이지 않으면 포기하고 싶어집니다. 그러나 영혼을 소중히 여기는 마음을 지속할 때, 하나님은 주님의 때에 장기 결석자가 교회로 돌아오고, 새 가족이 정착하고, 기존 지체가 리더로 세워지는 것을 경험하게 해 주십니다. 그러니 포기하지 마십시오.

항상 선물이 고민입니다. 어떤 걸 좋아할까요?

Q. 안녕하세요, 저는 청소년부 교사입니다. 오랜 시간 청소년부를 맡았지만, 여전히 친구들이 뭘 좋아하는지 모르겠어요. 어린 아동이나 초등학생 부서의 경우 간식만 줘도 즐거워하지만, 이제는 시큰둥합니다. 오히려 돈으로 받고 싶다 하네요. 그래도 새 학기를 맞이해 친구들을 찾아가 응원하고 마음이 담긴 선물을 전달하고 싶은데, 어떤 선물이 좋을까요?

A. 심방 선물은 주로 기억에 남는 물건을 선물로 주는 편입니다. 이미 집에 많은 물건(머그컵, 텀블러)이라 하더라도, 심방 선물로 준다면 학생들이 그것을 볼 때마다 부서의 마음을 기억할 수 있기 때문입니다.

시험 기간인 경우에는 아이들이 좋아하는 간식을 사전에 물어보고 확인하여 편의점에서 여러 간식을 담아서 스터디 카페나 독서실, 학원 앞에 가서 전달하는 심방을 했습니다. 학생들은 거기에 큰 감동을 받습니다.

때로는 심방 선물을 준다는 고정된 생각에서 벗어나, 이런 연락을 할 때도 많았습니다. "지금부터 0시까지 OO 시내에 있을 예정인 사람? 학교 친구들이랑 같이 있어도 저녁 식사 및 영화 관람권 결제 해 줄게."라고 해서 찾아갔습니다. 그럼 교회를 다니지 않는 친구들도 밥을 사는 교역자에게 고마워하지, 왜 목사님이 우리가 있는 곳으로 오느냐고 말하는 친구는 없습니다. 이것이 기존 학생에게는 "우리 목사님 최고!"라는 부서의 자긍심을 갖게 하고, 교회를 다니지 않는 친구들에게는 마음 문을 여는 효과와 간접적인 복음 전도의 기회가 될 수 있습니다.

턱없이 모자란 심방비, 이럴 땐 어떻게 하죠?

Q. 이제 막 중등부에 부임한 초임 전도사입니다. 처음 맡은 아이들이 아주 사랑스럽고 열정도 넘쳐서 무엇이든 해 주고 싶은데, 돈이 부족합니다. 교회 지원만으로는 특별 프로그램 하나 진행하기도 어려운 실정입니다. 어떻게 하면 이 부족한 상황 속에서도 아이들에게 풍족하게 채워 줄 수 있을까요?

A. 본문에서 다양한 방법들을 소개해 드렸으니, 여기서는 다음 세대를 위해 노력하는 교회적 차원에서 말씀 드리려고 합니다. 오늘날 교회 학교의 현실을 돌아보면, 다음 세대를 위한 심방이 목회의 중요한 부분임에도 불구하고 이에 대한 예산 책정이 제대로 이루어지지 않는 경우가 많습니다. 교회 학교에서 부서별로 정해진 예산 안에서 월별 고정된 계획과 수련회(성경 학교), 친구 초청 행사 등을 진행해야 하고, 전체 학생에게 간식을 나누어 주어야 하기에 추가 심방비 예산을 확보하기가 어려운 것입니다.

교회 전체 운영을 위해 한 영혼을 돌보는 심방 지원은 우선순위에서 밀려날 수 밖에 없는 상황입니다. 교회마다 담당 교역자의 심방비와 교사들의 학생 아웃팅비를 지원해 주는 교회는 많습니다. 그러나 지원하는 예산에는 한계가 있습니다. 우리의 인식이 달라질 필요가 있습니다. 심방은 단순한 방문이 아니라, 영혼을 돌보고 신앙을 견고하게 세우는 중요한 사역입니다. 한 영혼을 살릴 때, 그 영혼이 일꾼이 되고 공동체 회복에 원동력이 됩니다.

그런데 현실적으로 교회 학교 사역자들이 심방을 계획할 때, 교통비나 심방 선물과 같은 기본적인 비용조차 부담스러운 경우가 많습니다. 하나님께서 물론 이 시대에도 만나와 메추라기의 은혜를 허락해 주시지만, 고정된 지원이 없으면 사역자들은 심방 계획을 세우기란 쉽지 않습니다.

교회 재정 운영의 우선순위에서 다음세대 심방이 더욱 중요하게 고려되어야 합니다. 심방비도 요즘의 물가에 맞게 지원 금액을 확대할 필요가 있습니다. 청소년들을 심방할 때에 밥을 사 주고 카페를 데리고 갈 때에 한 학생당 1만 원 이상의 비용이 발생합니다. 그 이상의 지출을 부교역자가 담당하는 것은 큰 부담이 될 수밖에 없습니다.

주일 학교, 중·고등부, 청년부 등 각 부서에서 심방을 활성화할 수 있도록 담임 목사님과 재정 부장님과 부서 부장님과 임원 선생님이 지금보다는 조금 더 넓은 지원을 해 주실 것을 간절히 요청드립니다.

다음 세대 사역은 교회의 미래를 결정하는 중요한 요소입니다. 단순히 예산 배정의 문제가 아니라, 다음 세대에게 교회가 관심을 가지고 있다는 것을 보여 주는 신앙적 지원입니다. 재정적인 뒷받침이 이루어진다면, 교회 학교 사역자들은 보다 적극적으로 학생들과 가정을 방문하며 신앙을 돌보고, 한 영혼, 한 영혼을 위로하며 그들로 주님의 일꾼이 되게 할 것입니다.

나이 차이로 인한 소통의 벽, 어떻게 넘을 수 있을까요?

Q. 벌써 이 부서에서 섬긴지 20년이 훌쩍 넘었네요. 세월이 세월이다 보니 점점 대화가 어렵고, 소통의 벽이 두꺼워지는 것을 느낍니다. 아이들도 이런 저보다 요즘 유행 잘 아는 젊은 선생님을 좋아할 것 같은데, 이제는 그만두어야 할까요?

A. 교사들이 때로는 학생들과 나이 차이로 세대 차이가 심하여 소통의 벽이 있다고 느낄 때가 있습니다. 그러나 지난 5년간 고등부 사역을 하면서 학생들에게 "어떤 선생님이 가장 기억에 남니?"라는 질문을 했을 때 학생들은 다음과 같이 동일한 답변을 했습니다. "따뜻한 선생님이요."라는 답변이었습니다. 그래서 어디서 따뜻함을 느끼는지 물어보았습니다. 그러자 학생들은 "언제나 저희를 먼저 생각해 주는 마음이요. 저희의 고민을 들어 주실 때요. 맛집이나 신상 카페가 생길 때, 저희들을 잊지 않고 데려가 주시는 마음이요!"라고 대답했습니다.

저는 개인적으로 교역자나 교사가 학생을 심방할 때 학생이 관심 있어 하는 장소를 사전에 조사하면 좋겠습니다. 그리고 정말 학생을 위해 준비한 아웃팅임을 느낄 수 있도록 학생의 입장에서 좋아하는 것을 해 주는 것이 필요하다고 생각합니다. 물론 교사들은 학생들처럼 다 SNS를 할 수는 없습니다. 그들의 언어를 사용하거나 그들의 문화를 따라갈 수 없습니다. 하지만 세대 차이는 조금도 문제되지 않습니다. 학생들에게 감동을 줄 수 있는 포인트를 확인하고, 온전히 그 친구의 편이 되어 주는 심방을 진행할 때 그들의 마음이 열릴 것입니다.

심방 사역에 관해 궁금한 10가지 Q&A

심방 시간이 너무 길어져도 끝까지 함께해야 하나요?

Q. 심방을 하다보면 시간이 한없이 길어질 때가 있는데, 그럴 때는 어떻게 해야 할까요? 사람을 좋아하는 친구인 것도, 저를 편하고 좋게 생각해서 그런다는 것도 알지만, 매번 시간이 길어지니 지치네요. 언제까지, 얼마나 함께 있어 주는 게 적당할까요?

A. 저는 교역자 혹은 교사의 사역이 방해되지 않는 선에서 학생과 심방이 길어지면 끝까지 함께하는 편입니다. 고등부 학생과 청년들을 심방했을 때, 아이들이 마음 문을 여는 포인트는 자신을 위해 시간을 쏟는 교역자와 교사의 진심과 우선순위에 있습니다. 시간을 정하는 것도 필요하겠지만, 만난 영혼이 온전히 자신의 문제를 다 이야기할 수 있도록 끝까지 함께해 주어야 합니다. 대신 교역자인 경우에는 부교역자들에게 "변수가 생겨서 긴급히 심방이 길어질 예정이다."라는 상황을 보고해야 합니다.

심방을 중간에 중단해야 하는 예외 상황도 있습니다. 심방 중에는 교역자와 교사가 중간에 끊어야 하는 심방도 있기 때문입니다. 학생 중 자기 이야기하기를 지나치게 좋아하거나, 사랑에 결여가 있어 관심을 크게 요구하는 지체들이 있는데, 이들 같은 경우에는 주의가 필요합니다. 적정 선을 정하여 언제부터 언제까지 시간이 됨을 인지하게 하고 그 시간만큼만 심방해야 합니다.

교회에 상처받은 영혼을 심방하러 갑니다

Q. 제가 섬기는 반에는 어릴 때부터 열심히 교회에 출석하던 친구가 있습니다. 찬양팀도 하고 친구들이랑 잘 놀고 재밌게 지내는가 싶더니, 어느 날부터인가 교회에 나오지 않습니다. 워낙 잘 나오던 친구라 걱정이 없었는데 최근에는 제 연락도 받지 않고 친구들 연락도 받지 않는다고 하네요. 어떻게 해야 할까요?

A. 교회에서 상처를 받아 출석하지 않는 학생들이 있었습니다. 대부분 친구 관계가 틀어지거나, 이성간의 갈등, 교역자와 교사의 훈계에 의해 교회를 나오지 않는 경우들입니다. 이들은 교역자나 교사가 먼저 연락하는 것이 중요합니다.
그런데 만약 당사자인 학생이 교역자나 교사의 연락처를 차단했다면, 부모님에게 도움을 구하는 것도 필요합니다. 부모님도 자녀를 어떻게 할 수 없다고 말할 경우에는 그 학생과 기존에 잘 지내 왔던 친구를 통해 학생이 무엇 때문에 마음 문이 닫혔는지 조심스럽게 원인을 파악할 수 있도록 해야 합니다.
주의해야 할 점은 교역자와 교사가 일방적으로 그 학생의 마음을 풀기 위해 찾아가는 부담되는 접근을 해서는 안 된다는 것입니다. 만약 상처받은 학생이 교회에 같은 반 아이와 다툼이 있거나 같은 반 선생님과의 갈등이 큰 경우에는 임원회에서 회의를 열어 반 조정 및 해결점을 찾는 대책 회의를 열어야 합니다.
상처 받은 학생들이 자신만의 동굴에서 빠져 나오지 않는다면 오래 방치해 두어서는 안 됩니다. 저는 이런 경우에 부모님과의 연락을 지속적으로 해 왔

심방 사역에 관해 궁금한 10가지 Q&A

습니다. 자녀가 어떤 상황인지, 어떤 상태이며 어떻게 기도하면 좋을지 관심을 쏟으며 선물을 부모님 편으로 전달하기도 했는데 그 결과 부모님은 교역자의 편이 되어 주시며, 자녀와 교회 간의 중재자 역할을 계속 감당해 주십니다. 그런 중에 회복의 은혜가 임하는 것을 많이 체험해 왔습니다.

학생 부모님이 심방을 꺼려할 때는 무엇을 할 수 있을까요?

Q. 고등부 담당 교사입니다. 아이는 교회도 좋아하고 자주 나오고 싶어 하는데, 부모님께서 반대하셔서 평소에도 갈등이 많습니다. 주일 예배만 나오는 것도 어려운데 평일 심방은 더 꺼려하십니다. 이럴 때는 어떻게 심방해야 할까요?

A. 이런 경우는 대부분 불신자 가정인 경우가 많습니다. 교역자와 교사의 심방을 꺼려한다면 부담을 가질 때, 선물을 주지 않는 것이 좋습니다. 대신 구정과 추석 연휴 때에 불신자 가정 선물을 학생 편으로 전달하여 부모님과 가족 전체의 선물이 될 수 있도록 전달한다면 부모님이 감사한 마음을 갖습니다.

이마저도 부모님들이 불편하게 생각한다면 교역자는 잠시 뒤로 물러서야 하며 대안으로 학생에게 카카오톡 기프티콘과 함께 격려의 메시지를 보내는 것도 괜찮습니다. 부모님들은 교역자가 자녀를 위해 기도해 주는 것에 대해서는 반감을 갖지 않기에, 포기하지 않고 틈틈이 부담되지 않는 선에서 안부를 물어보고 가족의 기도 제목을 물어봐 주는 작은 관심을 이어가야 합니다. 그때 하나님께서 어느 날 부모님의 마음 문을 열어주시는 것을 경험하게 해 주실 것입니다.

심방 사역에 관해 궁금한 10가지 Q&A

심방을 어떻게 설교와 목회에 녹여 낼 수 있을까요?

Q. '심방 따로, 설교 따로, 목회 따로'가 아니라 세 가지가 모두 어우러지게 하고 싶습니다. 하지만 이제 막 사역을 시작해서 어떻게 각각을 잘 활용하면서도 조화롭게 할 수 있는지 막막하네요. 어떻게 하면 심방을 잘 녹여 낼 수 있을까요?

A. 심방은 실천 사역입니다. 성도들과 다음 세대 자녀들을 직접 만나고 찾아가는 것이 선행될 때, 우리는 만난 영혼 당사자만이 아니라 그 가정 전체의 삶의 이야기를 알 수 있습니다. 그럼 그 가정의 아픔과 어려움을 알게 되는 것입니다. 설교를 준비할 때, 말씀을 풀이하고 적용하는 과정에서 우리는 성도들에게 한걸음 더 깊이 다가가는 설교를 할 수 있습니다. 기도 사역도 마찬가지입니다. 심방을 할 때, 그 가정의 깊이 있는 기도 제목을 알 수 있기에 구체적인 기도를 할 수 있습니다.

심방하고 싶지만, 이미 너무 많은 사역으로 몸이 열 개라도 부족해요

Q. 초등부에 부임하고 1년, 전도사로 처음 담당하게 된 부서라 의욕도 넘치고 열정도 많습니다. 하지만 설교 준비하고, 프로그램 준비하고, 아이들과 놀아주고, 선생님들과 회의하고, 상담하고, 게다가 교회의 업무까지…. <u>할 일이 많아도 너무 많아요. 심방의 필요성은 절실히 느끼지만 시간이 부족합니다.</u>

A. <u>혼자서 모든 것을 할 수는 없습니다.</u> 교회마다 실정은 다르기에 모든 것을 반영할 수는 없겠지만, 아래를 참고해서 부서 선생님들과 역할을 나누어 보세요. <u>심방은 내 힘으로 하는 것이 아닙니다. 각자의 역할을 묵묵히 감당할 때 하나님이 일하십니다.</u>

예를 들어, 고등부 선생님들은 크게 다섯 가지 영역에서 역할을 분배해 담당했습니다. 반 교사, 새 가족반, 찬양팀, 디모데학교 교사, 2부 프로그램 게임 진행 청년 교사입니다. 영역마다 감당한 역할은 다음과 같습니다.

1) 반 교사: 매주 반 아이들 심방 후 토요일에 주일 출결 예정 상황 보고, 주일 당일 불참 학생 사유 파악 후 보고, 연 2회 심방 지원금(1인당 1만원)으로 심방 후 교사 단체 카톡방에 업로드

2) 새 가족반: 아이스 브레이킹 시간 담당 교사, CCC, 사영리, P4U 및 복음 팔찌로 복음 전하는 교사, 반 편성 및 연계 담당 교사

3) 찬양팀 교사: 찬양 인도 및 세션 지원, 연습 지도, 매일 큐티 지도, 새벽 기도 차량 운행 및 식사 준비

4) 디모데학교 교사: 디모데학교 교육 시스템(중고등부 학생을 위한 영적 리더 양성 훈련 프로그램)의 제자초급반, 사역자반, 리더반 커리큘럼 진행

5) 2부 프로그램 게임 진행 청년 교사: 반별 모임 후 디모데학교 교육이 있기까지 중간 공백 시간에 진행하는 2부 프로그램 친교 담당

교역자가 심방할 때 더 주의해야 할 점이 있을까요?

Q. 학부생 시절에는 교사로만 섬기다가 이제 막 교역자로 사역을 시작했습니다. 그런데 확실히 교사일 때와는 다른 부담과 책임이 있네요. 교역자로서 심방할 때 교사들과의 관계, 아이들과의 관계 등 신경 써야 할 것들이 점점 많아지는데요, 혹시 <u>교역자가 심방할 때 특별히 더 주의해야 할 점이 있을까요?</u>

A. 교역자가 심방에 집중하다보면 그것이 처음에는 교사들에게 영적 부담감과 도전을 주는 좋은 효과를 불러일으킵니다. 그런데 때로는 교역자의 지나친 열심이 교사들의 열심을 줄어들게 할 수도 있습니다. <u>교역자는 교사들에게 틈틈이 "교역자인 저의 심방은 교사들의 심방과 함께 이루어질 때, 효율적일 수 있습니다. 우리는 세 겹줄 심방이 되어야 합니다."라는 것을 알려 주어야 합니다.</u>

교역자가 심방에 집중하다 보면, 교사들 중에 여러 여건상 심방에 집중하지 못하거나 교역자의 열심에 부담을 느껴 힘들어하는 경우가 생길 수 있습니다. 교역자는 심방에 집중하되, <u>자신의 열심이 남을 판단하는 기준이 되어서는 안 됩니다.</u> 교사들도 마찬가지입니다. "나는 열심히 하는데 너는 왜 하지 않느냐?"라는 판단을 한다면 하나님께서 기뻐하지 않으십니다. 다른 교사들에게 미흡한 부분이 있더라도 그것을 보완하는 역할을 교역자나 교사로서 감당하겠다는 마음으로 끝까지 품는 자세가 필요합니다.

교역자가 심방 스케줄을 정하는 과정에서 오해를 불러일으키는 일이 생길 수 있습니다. 예를 들어 교회에서 갑작스럽게 부교역자들과 함께 일해야 하는 상황이 발생할 수 있는데, 심방이 한두 번도 아니고 여러 번 미리 계획되어 있어서 그런 연합의 일에 동참하지 않는다면 자신의 부서만 우선이라는 오해

심방 사역에 관해 궁금한 10가지 Q&A

를 다른 부서에 심어 줄 수 있습니다. 교역자는 교회 전체적인 행사에 문제가 생기지 않도록, 미리 고려하여 심방 스케줄을 정하고, 때로는 이 부분을 교회에 상의하고 진행해야 합니다.

부록 2. 심방 사역을 잇는 프로그램

공동체를 이어 주는 : 복음캠핑

복음캠핑은 주일 학교 학생들이 멀리 이동하지 않고, 교회 부서실 안에 텐트를 설치하여 실내 캠핑 분위기를 느끼게 하는 행사입니다.

제가 섬기는 교회는 초등1부 (1-2학년) 아이들을 5월부터 9월까지 모두 찾아가 심방한 뒤 부서 전체를 위한 친구 초청 행사를 진행하기로 했습니다. 그러나 기존에 없던 행사를 만들려고 하다 보니 재정적인 부분이 걱정되었습니다. 그래서 부서 재정을 최소화하여 행사를 진행할 수 있는 방법을 고민하는 중에 '복음캠핑'을 기획하게 되었습니다.

텐트는 설치에 오랜 시간이 걸릴 수 있다 보니 전체적으로 '원터치 텐트'만 설치하기로 했습니다. 원터치 텐트는 교사와 학부모님들에게 공지하여 하루를 대여했습니다. 한 텐트에 네다섯 명이 들어간다는 가정하에 15동을 돈을 들이지 않고 대여할 수 있었습니다.

그다음 교회 안에 청년부에서 찬양의 은사가 있는 찬양 인도자에게 찬양 콘서트를 부탁했습니다. 초등부 아이들이 좋아하는 찬양을 추천받아 전달하였고, 찬양 인도자는 아이들의 눈높이에 맞추어 공연을 준비해 주었습니다.

이것만이 아닙니다. 텐트를 쳐서 모두가 찬양 콘서트에 참여하는 것도 좋지만 다 함께 작품을 만드는 공동체 활동이 있어야겠다는 생각에 전지를 12장 이어 붙이고 '하나님의 걸작품'이라는 주제로 전체가 참여하여 하나의 작품을 만들게 했습니다. 에덴동산 느낌의 밑그림만 그려 주고, 색연필과 크레파스와 색종이와 풀, 가위를 전체에게 제공하여 그 밑그림을 알록달록하게 채우게 한 것입니다.

그림 작품 만들기와 찬양 콘서트를 마치고, 아이들을 동그랗게 앉게 하여 중앙에서 복음 메시지를 전달했습니다. 설교를 마친 뒤에는 텐트 안에 치킨과 간식을 넣어 주었고, 보드게임을 하게 하여 선생님들과 친구들과의 연합을 이끌었습니다.

다음으로는 전체 술래잡기 게임을 했습니다. 초등부 1, 2학년 아이들은 자신들만의 아지트에 숨는 것과 뛰어다니는 것을 좋아합니다. 그래서 자신만의 공간이라 할 수 있는 텐트를 설치하기로 정한 것이었습니다.

여기서 이 모든 행사를 빛낸 하이라이트는 무대 조명이었습니다. 청년 가운데 다양한 빛깔로 변하는 무대 조명을 갖고 있는 형제가 있어서 부탁했고, 무대 조명을 설치하였습니다.

마지막으로 헤어질 때는 각자가 준비한 랜덤 선물을 교환하게 했습니다. 사전에 학부모님께 요청하여 자녀들 편으로 전 주일에 각자 포장한 선물을 하나씩 들고 오게 했습니다. 그럼 그것을 모아서 당일에 학생들에게 랜덤으로 지급했습니다.

졸업생을 이어 주는 : 포트럭 파티

포트럭(potluck)은 외국의 음식 문화로서 참가자가 저마다 음식이나 선물 등을 준비하여 모인 뒤 이를 나누며 즐기는, 유럽 및 북미 지역의 파티이자 소모임의 한 형태입니다. 저는 이것을 청년1부 행사에 접목해 보았습니다.

청년들을 모두 심방한 후, 청년들의 홈커밍데이를 어떻게 준비해야 할지 고민했습니다. 우선 청년들은 학생들과 다릅니다. 청년들의 참여율을 높이고, 모두에게 축제가 되는 행사를 기획하려면 어떻게 하는 것이 좋을지 고민하다가 '포트럭 파티'를 기획하게 되었습니다.

우선 갤러리 카페 공간을 대여했습니다. 온종일 대관하여 일찍부터 해당 장소를 이벤트 장소처럼 꾸미고 장식했습니다. 참여한 청년들에게는 각자 2-3인분의 음식을 챙겨 오게 했습니다. 행사를 진행하기 2주 전에 추천 메뉴를 적어서 각자 누가 챙겨 올 것인지에 대한 사전 조사를 했습니다. 포트럭 파티에서 개인이 부담하기에 어려움이 있는 메인 요리(폭립, 주문 케이크)는 주최 측인 임원회에서 준비했습니다.

청년들 모두에게 각자의 음식을 갖고 오게 한 이유 중 하나는 각자에게 역할이 분담되어야 본 행사가 자신의 행사라는 주인 의식을 가질 수 있기 때문이었습니다. 그리고 당일 포트럭 파티의 데코 장식 팀원을 모집하여 그들을 '헬퍼'로 임명하고, 벽면과 전체 장소를 장식하게 했습니다(위에 소개한 복음캠핑처럼 찬양 인도자에게 미니 콘서트도 준비하게 했습니다.).

본 행사의 컨셉은 다른 복잡한 프로그램을 넣지 않는 것이었습니다. 처음부터 끝까지 편하게 식사하며 자신의 것을 나누는 초대 교회 성도들과 같은 분위기를 연

심방 사역을 잇는 프로그램

출하는 것이었는데, 본 행사를 통해 청년들의 참여율과 반응이 좋았습니다. 그동안 교제하지 못했던 청년들과 서로 큰 부담 없이 다가가 교제하고 하나 될 수 있는 홈커밍데이 행사였습니다. 부서의 상황에 맞게 도입하여 진행한다면 공동체가 가까워지는 은혜를 경험하게 될 것입니다.

마을을 이어 주는 : 비긴어게인

비긴어게인은 고등부 학생들을 모두 개인적으로 심방한 뒤에 5월 친구 초청 행사를 기획했을 때 진행한 행사입니다.
저는 시험 기간으로 지친 학생들에게 위로를 주고 싶었습니다. 새 친구를 데리고 와야만 선물을 받는 것이 아니라, 기존 학생들이 참여만 해도 간식이 있고, 참여만 해도 선물과 아름다운 위로의 찬양을 경험할 수 있는 행사를 준비해 주고 싶었습니다.
행사를 토요일과 주일 이틀로 진행하기로 했습니다. 먼저 토요일은 복지관 옥상 테라스를 대여하여 인조 잔디 위에 교회 장의자 방석을 깔아서 콘서트 야외 좌석을 만들었습니다. 교회 이동식 단상을 챙겨서 찬양 콘서트 무대가 빛나게 했습니다. 이어서 대형 천막을 설치하고, 캠핑 전구를 달아 놓았습니다. 그리고 고등학생들은 경험하기 힘든 달란트 시장을 만들어서 각종 인형과 무드등, 탁상용 시계 등을 구입하여 테이블 위에 올려 두었습니다.
토요일은 다음 행사가 진행되었습니다.

1) 찬양 콘서트
2) 달란트를 얻기 위한 부스별 미션 게임
3) 달란트 잔치

토요일 행사에 이어 주일에는 모든 교사가 직접 학생들을 위해 샌드위치, 컵빙수, 떡볶이, 어묵 등 다양한 음식을 준비했습니다. 이것만이 아닙니다. 사전에 나는 교역자로서 이번 고등부 행사를 위해 SNS에서 기증 캠페인을 열었습니다. 생일만 되면 카카오톡 기프티콘을 보내는 시대인만큼 카톡 선물을 받긴 했지만, 오래도

심방 사역을 잇는 프로그램

록 방치하여 사용하지 않는 선물이 있으면 그것을 하나씩 나누어 달라고 요청했습니다. 그러자 500개가 넘는 기프티콘을 인스타 친구분들이 보내 주셨습니다. 저는 그것을 모바일상으로 고등부 학생들에게 지급하지 않았습니다. 바코드와 품목 사진이 나와 있는 것을 출력하여 스티로폼에 부착 후 현장 상품처럼 만들었습니다. 큰 스티로폼에 종이를 출력하여 부착 후 스테이플러로 찍어 놓으면 학생들이 해당 달란트만큼 그 기프티콘을 종이로 가져갈 수 있게 한 것입니다. 학생들의 반응은 폭발적이었습니다. 여기서 주의해야 할 점이 있습니다. 다른 사람이 가지고 있는 기프티콘을 바코드로 받을 때는 기증한 사람 본인이 먼저 사용하지 않도록 사전에 부탁해야 한다는 것입니다.

사명선언문

너희가 흠이 없고 순전하여……세상에서 그들 가운데 빛들로
나타내며 생명의 말씀을 밝혀 _ 빌 2:15-16

1. 생명을 담겠습니다
만드는 책에 주님 주신 생명을 담겠습니다.
그 책으로 복음을 선포하겠습니다.

2. 말씀을 밝히겠습니다
생명의 근본은 말씀입니다.
말씀을 밝혀 성도와 교회의 성장을 돕겠습니다.

3. 빛이 되겠습니다
시대와 영혼의 어두움을 밝혀 주님 앞으로 이끄는
빛이 되는 책을 만들겠습니다.

4. 순전히 행하겠습니다
책을 만들고 전하는 일과 경영하는 일에 부끄러움이 없는
정직함으로 행하겠습니다.

5. 끝까지 전파하겠습니다
모든 사람에게, 땅 끝까지, 주님 오시는 그날까지
복음을 전하는 사명을 다하겠습니다.

서점 안내

광화문점 서울시 종로구 새문안로 69 구세군회관 1층
02)737-2288 / 02)737-4623(F)

강남점 서울시 서초구 신반포로 177 반포쇼핑타운 3동 2층
02)595-1211 / 02)595-3549(F)

구로점 서울시 동작구 시흥대로 602, 3층 302호
02)858-8744 / 02)838-0653(F)

노원점 서울시 노원구 동일로 1366 삼봉빌딩 지하 1층
02)938-7979 / 02)3391-6169(F)

일산점 경기도 고양시 일산서구 중앙로 1391 레이크타운 지하 1층
031)916-8787 / 031)916-8788(F)

의정부점 경기도 의정부시 청사로47번길 12 성산타워 3층
031)845-0600 / 031)852-6930(F)

인터넷서점 www.lifebook.co.kr